01 · January	02 · February	03 · March
☐	☐	☐
☐	☐	☐
☐	☐	☐

07 · July	08 · August	09 · Septemb
☐	☐	☐
☐	☐	☐
☐	☐	☐

04 · April	05 · May	06 · June
	☐	☐
	☐	☐
	☐	☐

0 · October	11 · November	12 · December
	☐	☐
	☐	☐
	☐	☐

사업을 지탱하는 현실 세무 지식

창업을 앞둔 당신이 꼭 읽어봐야 할

사업을 지탱하는 현실 세무 지식

택스코디 지음

다온북스

프롤로그

헌법상 대한민국의 모든 국민은 '납세의 의무'를 집니다. 세금 납부는 선택 사항이 아니라 의무 사항입니다. 그런데 대부분의 사람들은 내가 어떤 세금을 내는지, 세금 계산은 어떻게 이루어지는지, 창업자는 언제 세금을 신고해야 되는지 잘 알지 못하고, 또 잘 알려고 하지도 않습니다.

물론 저도 그랬습니다. 그러다가 세금 폭탄을 경험하게 됐고, 덕분에 세금 공부의 중요성을 깨우쳤습니다. 세금 공부를 하면 할수록 창업 전 세무 상식이 얼마나 중요한지 알게 되었습니다. 이것이 바로 이 책을 집필한 이유입니다.

저는 세무사가 아닙니다. 개인 사업자의 세금에 관한 책(《2시간에 끝나는 부가가치세 셀프 신고》,《사장님! 절세? 어렵지 않아요》외 다수)을 쓰고 세금에 관한 강의를 하는 '택스 코디네이터(이하 택스코디)'입니다.

저 역시 20년 이상 크고 작은 사업을 했고. 그중 15년 정도는 회계 사무실에 기장을 맡겼습니다. 세금 신고는 당연히 세무 대리인에게 맡기는 일이고, 그것이 곧 절세라고 생각하며 조금도 의심치 않았습니다. 많은 사업자분들이 예전의 저처럼 생각하고 계실 것입니다. 하지만 이제는 생각을 바꿔야 합니다. 절세의 주체는 사업주입니다. 절세의 출발선은 창업한 바로 그 순간부터입니다.

예비 창업자들에게 도움이 되길 바라며 이 책을 썼습니다. 좋은 콘텐츠를 가지고 야심차게 창업했는데 세금 문제로 발목 잡히는 경우가 종종 있습니다. 이 책을 꼼꼼히 읽고 나면 그간 어렵고 모호하게만 느껴졌던 세금을 이해할 수 있으므로 보다 견고한 창업 계획을 세울 수 있을 것입니다.

최대한 이해하기 쉽게 쓰려고 노력했으나 세금 자체가 직접 겪어보기 전까지는 낯선 문제이다 보니 어렵게 느껴지는 부분도 있을 것입니다. 너무 조급해하지 말고 '이런 상황에선 이렇게 대응해야겠구나. 이런 걸 주의해야 하는구나'하는 정도로 가볍게 반복해 읽어 보세요. 큰 도움이 되어 줄 겁니다.

이 책은 다음과 같이 구성되어 있습니다.

1, 2장은 창업자가 꼭 알아야 할 세무 상식, 세금 신고에 관해 다루었습니다. 3장은 사업자 등록 이모저모, 4장은 노무 상식, 5장은 절세법을 다루었습니다. 6장은 셀프 사업자 등록 방법, 7장은 임대차 계약 시 유의 사항, 8장은 폐업 시 주의 사항을 적었습니다.

창업 전 세무 지식이 중요한 이유는 창업을 앞두고 가장 많은 돈이 지출되기 때문입니다.

　본문에서 더 자세히 설명하겠지만, 개인 사업자의 세금 계산법은 '번 돈'에서 '벌기 위해 쓴 돈'을 빼는 방식입니다. 때문에 벌기 위해 쓴 돈을 어떻게 세금 처리하는지 꼭 알아야 합니다. 그것도 모르고 돈을 쓴다면 비용 처리를 할 수 없는 지출을 하게 되는데 비용 처리를 하지 못하면 그만큼 세금이 더 나오니 곤란한 일이지요.

　정말 다행히도 세금을 계산하고 신고하는 것은 어렵지 않습니다. 이 책의 내용만 숙지해도 많은 돈을 아낄 수 있습니다.

　이 책이 잘못 알려져 있던 세금 상식, 세금에 대한 고정관념을 깨고 많은 이들에게 도움이 되었으면 좋겠습니다.

　당신의 성공적인 창업을 응원합니다.

2020년 여름

택스코디 씀

💬

차례

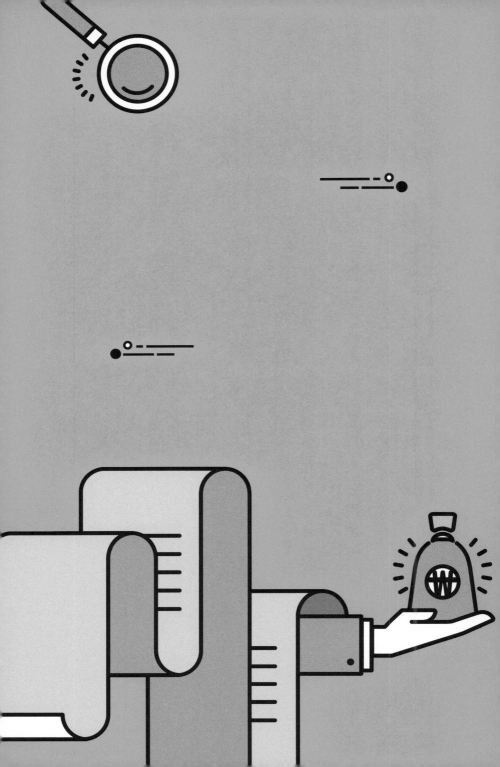

PART 01

창업,
이것만은 알고
시작하자!

창업자를 위한 국가 정책

예비 창업자

청년 창업 중소기업의 경우 소득세를 감면해 준다고 하는데,
나이와 업종 등 요건이 어떻게 되나요?

최근 청년 창업 중소기업에 대한 세제 지원이 확대되었습니다.

최초로 소득이 발생한 과세 연도와 그다음 과세 연도는 소득세 100%
감면이며 이후 5년간 순차적으로(75%, 50% 비율) 감면됩니다. 이는 2017
년 1월 1일 이후 창업하는 자부터 적용됩니다. 청년 창업 중소기업의 자
격 요건은 개인의 경우 창업 당시 15세 이상 34세(종전 29세) 이하인 사람
입니다. 다만 병역법에 따라 병역을 이행한 경우, 창업 당시 연령에서 병
역 기간을 빼고 계산합니다.

업종은 28개 업종에 한하여 적용됩니다. 업종의 범위는 「조세특례제
한법」 제6조 제3항에 열거되어 있습니다(음식점은 포함, 개인 서비스업은 불
포함).

▲광업 ▲제조업(대통령령으로 정한 유사 사업을 포함함) ▲수도, 하수 및 폐기물 처리, 원료 재생업 ▲건설업 ▲통신판매업 ▲(대통령령으로 정한)물류 산업 ▲음식점업 ▲정보통신업(비디오물 감상실 운영업, 뉴스 제공업, 블록체인 기반 암호화 자산 매매 및 중개업 제외) ▲금융 및 보험업 중 대통령령으로 정하는 정보통신을 활용하여 금융서비스를 제공하는 업종 ▲전문, 과학 및 기술 서비스업(대통령령으로 정한 엔지니어링 사업을 포함함, 변호사업, 변리사업, 법무사업, 공인회계사업, 세무사업, 수의업, 「행정사법」 제14조에 따라 설치된 사무소를 운영하는 사업, 「건축사법」 제23조에 따라 신고된 건축사 사무소를 운영하는 사업 제외) ▲사업 시설 관리, 사업 지원 및 임대 서비스업 중 사업 시설 관리 및 조경 서비스업, 사업 지원 서비스업(고용 알선업 및 인력 공급업은 농업 노동자 공급업을 포함함) ▲사회복지 서비스업 ▲예술, 스포츠 및 여가 관련 서비스업(자영예술가, 오락장 운영업, 수상오락 서비스업, 사행시설 관리 및 운영업, 그 외 기타 오락 관련 서비스업 제외) ▲협회 및 단체, 수리 및 기타 개인 서비스업 중 개인 및 소비용품 수리업, 이용 및 미용업 ▲「학원의 설립·운영 및 과외교습에 관한 법률」에 따른 직업기술 분야를 교습하는 학원을 운영하는 사업 또는 「근로자직업능력 개발법」에 따른 직업능력개발훈련시설을 운영하는 사업(직업능력개발훈련을 주로 하는 경우로 한정함) ▲「관광진흥법」에 따른 관광숙박업, 국제회의업, 유원시설업 및 대통령령으로 정하는 관광객 이용시설업 ▲「노인복지법」에 따른 노인복지시설을 운영하는 사업 ▲「전시산업발전법」에 따른 전시산업

「조세특례제한법」 제6조 3항
2019.12.31. 개정안

위의 요건에 해당하는 창업자라면 꼭 관할 세무서에 확인해 보세요.

지난 몇 년간 최저 임금이 급격히 인상되어 소규모 사업주가 느끼는 부담이 클 것입니다. 국가도 이런 고충을 인지하여 사업주의 부담을 완화하고, 고용 불안을 해소하기 위해 일자리 안정자금, 두리누리 사회보험 등 다양한 고용 촉진 제도를 시행하고 있습니다.

🖩 일자리 안정자금

상시 근로자 30인 미만 사업장에서 월평균 보수 230만 원 미만 근로자를 고용했을 경우, 해당 사업주에게 매월 3만 원(2022년 1월 1일부터 적용)을 지원해 주는 제도입니다. 편의점, 음식점 등을 운영하는 소상공인들에게 활용도가 높습니다.

🖩 두루누리 사회보험

상시 근로자 10인 미만 사업장에 한하여 월평균 보수 230만 원 미만 근로자와 그를 고용한 사업주에게 고용보험, 국민연금 보험료를 최대 80%까지 지원해 주는 제도입니다. 해당 근로자에게는 건강 보험료도 일부 지원해 줍니다.

🖩 워크넷(www.work.go.kr)

고용노동부 산하 한국고용정보원에서 운영하는 취업 정보 사이트입니다. 구직, 구인, 직업·진로 정보를 제공하고 있습니다. 또한 직원 채용, 근로자 교육, 지역 워크넷 등 다양한 정보와 프로그램을 이용할 수 있습니다. 취업성공패키지, 청년내일채움공제 등의 고용 지원금 안내도 받을 수 있습니다.

▦ 주요 고용 지원금

구분	내용	개요	지원 대상	지원금
고용 안정 지원	정규직 전환	신분이 불분명한 기간제 근로자를 정규직으로 전환할 경우 지원금을 지원해 주는 제도	기간제, 파견, 사내하도급 근로자 및 특수 형태 업무 종사자, 6개월 이상 2년 미만의 근로자를 직접 고용하거나 정규직으로 전환한 경우	360만 원 ~ 1,080만 원
	시차 출퇴근제	유연근무제의 한 유형. 주 5일 근무제로 1일 8시간씩, 총 주 40시간의 근무 시간을 지키면서 출퇴근 시간을 조정하는 제도	4대 보험에 가입한 정규직 직원	240만 원 (주 1회), 480만 원 (주 2회)
	선택 근무제	유연근무제의 한 유형. 1개월 이내의 기간을 설정하고 1주 평균 근로 시간이 40시간을 초과하지 않는 범위에서 1주, 또는 1일 근무 시간을 자유롭게 조정하는 제도	4대 보험에 가입한 정규직 직원	240만 원 (주 1회), 480만 원 (주 2회)
	시간 선택제 전환	전일제 근로자가 근로 시간 단축이 필요할 때 시간선택제로 전환하도록 한 업체에게 지원하는 제도	이를 이행하는 사업주	240만 원~ 720만 원
고용 창출 지원	시간 선택제	근무 체계 개편, 새로운 직무 개발 등을 통해 시간선택제 일자리를 창출하는 업체에 인건비를 지원하는 제도	모든 사업주	120만 원~ 840만 원
	고용 촉진 장려금	고용노동부 장관이 고시한 취업 프로그램 이수자, 중증 장애인, 여성 가장, 도서지역 거주자 등 취업 취약 계층을 고용한 업체에 지원하는 제도	취업 지원 프로그램 이수 및 구직 등록한 실업자를 고용하여 6개월 이상 고용 유지한 사업주	720만 원
	신중년 적합 직무	만 50세 이상 실업자를 신중년 적합 직무에 신규 고용한 업체에 지원하는 제도	모든 사업주	960만 원
	청년 추가 고용	청년을 정규직으로 신규 채용 시 1명당 연 최대 900만 원을 3년간 지원하는 제도	성장유망업종(분야), 벤처기업 등에 해당하는 중소기업은 5명 미만도 가능	3년 동안 최대 2,700만 원

※위 표의 내용은 정부의 예산 소진에 따라 중단, 변경될 수 있습니다.

창업할 때 인허가가
필요한 업종

예비 창업자

식당을 하나 하려는데 사업자 등록증을 발급받으러
세무서에 갔더니 영업 신고증을 요구하네요.
추가 서류가 필요한 사업이 있는 건가요?

허가, 신고, 등록 업종의 경우, 사업자 등록 신청 시 반드시 허가증, 신고증, 등록증 등의 구비 서류를 함께 준비해야 합니다.

🖩 업종 구분 예시

허가 업종	단란주점, 유흥주점, 성인오락실, 신용정보업, 유료 직업소개소 등
신고 업종	일반음식점, 휴게음식점, 교습소, 미용실, 제과점, 당구장, 세탁업, 헬스클럽, 동물 병원 등
등록 업종	공인 중개사 사무소, 독서실, 노래연습장, PC방, DVD방, 청소년 오락실, 약국, 의원, 학원 등

① 학원(등록증 필요)

학원을 운영하기 위해서는 학원 설립 및 운영에 관한 법률에 의거하여 학원 등록을 해야 합니다. 또한 관할 세무서에 사업자 등록 신청을 하기 전에 먼저 관할 교육청에서 교육청 등록증을 발급받아야 합니다. 이때 등록에 관한 문의는 관할 교육청 평생교육과로 문의해야 합니다.

② 건설업(면허증 필요)

건설업의 경우에는 면허(종합건설면허, 전문건설면허)가 있어야 합니다. 면허에 따라 자본금 규모와 건설 기술자 고용 유무 등의 요건을 달리 갖추어야 하기 때문입니다. 내가 창업하려는 건설업은 어디에 속하는지 확인하고, 그에 맞는 면허 등록 기준을 확인해야 합니다.

③ 출판(등록증 필요)

출판사의 경우 관할 구청 문화체육과에 출판사 이름, 사무실 주소 등을 신고하고 출판업 등록을 해야 합니다. 등록 없이 출판사 영업 행위를 한 경우에는 100만 원 이하의 과태료가 발생할 수 있습니다.

④ 대부업(허가증 필요)

대부업으로 창업하려면 한국대부금융협회에서 시행하는 교육을 이수하고 시험을 통과해야 합니다. 또한 교육 이수 후 6개월 이내에 구청에서 허가를 받아야 합니다. 허가를 받을 때에는 보증금 예탁 또는 보험, 공제 가입 증명 서류가 필요합니다.

　이처럼 업종별로 필요한 서류가 다릅니다. 업종에 맞는 서류를 잘 준비해야 문제없이 사업자 등록증을 발급받을 수 있습니다. 구비 서류는 국세청 사이트(www.nts.go.kr)에 접속한 뒤, 국세정보 → 사업자등록안내에서 확인할 수 있습니다. 국세청 대표 상담 전화번호 126으로 전화한 뒤 국세상담센터에서 문의해도 됩니다.

일반 과세, 간이 과세, 면세 사업자?

초보 사장님

가게 인테리어 때문에 화분을 몇 개를 샀습니다.
현금으로 결제하고 사업자 증빙란에도 체크했습니다.
물건을 받고 현금 영수증을 발급받았는데,
부가가치세가 포함되어 있지 않았습니다.
이 영수증으로 세금 신고를 해도 세금 계산서처럼 처리되나요?
아니면 업체에 전화해서 부가가치세를 내고 세금 계산서 요청을 해야 할까요?

개인 사업자는 두 가지 유형으로 나뉩니다. 바로 과세 사업자와 면세 사업자입니다.

면세 사업자는 면세품을 취급하기에 부가가치세와는 관련이 없습니다. 그러한 이유로 현금 영수증상에 부가가치세가 표시되지 않는 것입니다.

정리하자면 부가가치세 매입세액 공제는 과세 상품에 한해서만 가능합니다. 상대적으로 소득이 적은 서민들이 주로 소비하는 품목, 기초생활품목 등에는 부가가치세를 부과하지 않습니다. 이를 면세라 부르며 이를 취급하는 사업자는 면세 사업자라 부릅니다. 면세 품목은 세법으로 명시되어 있고, 면세 사업자는 부가가치세 신고·납부의 의무가 없습니다.

그렇다면 면세 품목에는 어떤 것이 있을까요?

기초생활필수품(미가공 식료품, 연탄, 무연탄, 수도 등), 국민후생용역(병ㆍ의원), 교육(허가된 학원), 여객운송, 문화 관련(도서, 신문, 방송, 예술 창작 등), 기타(토지) 등이 있습니다.

「부가가치세법」상 사업자는 과세 사업자와 면세 사업자로 구분됩니다. 과세 사업자와 면세 사업자는 과세 품목 취급 여부에 따라 구분됩니다. 과세 사업자는 다시 일반 과세 사업자와 간이 과세 사업자로 구분되며, 연 매출액 8,000만 원(종전에는 4,800만 원)이 구분 기준이 됩니다.

또한 과세 사업과 면세 사업을 동시에 운영하는 사업자는 겸업 사업자라고 합니다.

간이 과세 사업자는 부가가치세 계산 구조상 일반 과세 사업자에 비해 현저히 적은 세금을 납부하게 됩니다. 따라서 사업자의 구분은 영세 업체를 위한 제도라고 할 수 있습니다. 간이 과세 사업자는 세금 계산서를 발행하지 못 하고, 또 받지 않더라도 불이익이 없으므로 거래의 투명성과는 거리가 멉니다.

김치는 과세? 면세?

초보 사장님

10kg 박스로 포장된 김치를 납품받고 있습니다.
김치 공장에서 세금 계산서가 아닌
계산서를 발행해 주는데 괜찮은 건가요?

음식점의 경우 부가가치세 신고 시 과세 상품은 매입세액 공제를 받고, 면세 상품은 의제 매입세액 공제를 받습니다.

김치는 단순 가공 식료품이므로 원칙적으로 면세 상품입니다. 데친 채소류, 김치, 장아찌, 단무지, 젓갈류, 두부, 메주, 간장, 된장 등 운반의 편의를 위하여 일시적으로 관입, 병입 등 포장하거나 제분, 냉동, 염지 등을 해 본래의 성질이 변하지 않는 미가공 식료품의 경우 면세합니다(「부가가치세법 시행령」 제34조 참조). 김치도 여기에 포함됩니다.

그렇다고 모든 김치가 면세 상품인 것은 아닙니다. 과세와 면세를 판단하는 기준은 포장입니다. 면세되는 김치는 벌크^{bulk, 개별 단위로 포장하지 않고 무더기로 포장한 제품을 말함} 형태로 포장된 김치를 말합니다.

그러나 '종○○ 김치'와 같이 제조 시설을 갖추고, 김치를 판매 목적으로 하여 독립된 거래 단위로 취급하며, 관입, 병입 등의 형태로 포장, 공급하면 과세 상품이 됩니다. 즉 독립된 거래 단위로 포장되어 그 형태로 최종 소비자에게 공급 가능한 것에 한하여 부가가치세가 과세됩니다. 주로 밀봉 상태인 경우가 많습니다.

참고로 김은 면세, 조미김은 과세, 소금은 면세, 맛소금은 과세, 멸치는 면세, 볶은 멸치는 과세, 생고기는 면세, 양념고기(주물럭, 양념 불고기)는 과세입니다. 조미뿐만 아니라 열을 가해도 과세 상품이 됩니다.

면세를 포기하고 싶어요

초보 사장님

5개월 전부터 일본에 밤을 수출하고 있는
농산물 도매업자입니다. 수출 시 운송료, 창고 보관 비용,
포장비 등으로 5,500만 원을 지출했으나, 면세 사업자이기 때문에
이에 대한 매입세액 500만 원을 공제받지 못했습니다.
무슨 방법이 없을까요?

부가가치세가 면제되는 재화나 용역을 공급하는 사업자를 면세 사업자라고 합니다. 면세 사업자는 부가가치세를 내지 않는 대신 자재 구입비용, 포장 비용 등의 매입세액도 공제받지 못합니다. 그런데「부가가치세법」에서는 특정한 재화 또는 용역을 공급하는 경우, 면세를 포기하고 과세 사업자로 적용받을 수 있도록 하고 있습니다.

위의 경우처럼 면세 사업자가 상품을 수출하는 경우, 관할 세무서에 면세 포기 신고서를 제출하고 과세 사업자로 사업자 등록을 정정하면 이후 거래분부터 매입세액을 공제받을 수 있습니다.

영세율^{세금을 부과하는 대상에 포함하되 세율을 0%로 적용하는 것. 세금을 내지 않는다는 점에서는 면세와 같지만 면세와 달리 세금 부과 대상에 포함됨}이 적용되는 대상만 부분적으로 면세를 포기

할 수도 있습니다. 이를 이용해 수출품에 대한 면세만 포기하면 해당 상품에는 영세율이 적용되므로 관련 매입세액을 환급받을 수 있고, 국내 판매분은 계속해서 면세 적용을 받을 수 있습니다.

과세 사업(수출분)과 면세 사업(국내 판매분)을 겸업하는 경우, 면세 사업에 관련된 매입세액은 공제받을 수 없으므로, 과세 사업과 면세 사업을 구분해서 기장記帳하여 각각의 매입세액을 구분할 수 있어야 합니다. 과세 사업과 면세 사업에 공통으로 사용되어 구분할 수 없는 경우에는 안분按分, 일정한 비율로 고르게 나눔하여 계산합니다.

면세를 포기하면 3년간 부가가치세 면세 적용을 받지 못합니다. 그러니 일시적으로 수출하는 경우에는 면세를 포기하는 것이 정말 유리하게 작용할지, 부작용은 없는지 따져보고 결정하도록 합시다.

영세 사업자가 되고 싶어요

초보 사장님

면세 사업자가 영세율을 적용받으려면
어떻게 해야 하나요?

영세율과 면세는 둘 다 부가가치세를 납부하지 않지만 완전히 다른 말입니다. 영세율은 과세 사업자에게만 적용됩니다. 면세 사업자가 영세율을 적용받으려면 면세 사업자를 포기하고 일반 과세 사업자로 전환해야 합니다.

영세율을 적용받으면 세금 계산서를 발행한 것에 대해서는 매출세액을 내지 않아도 됩니다. 또 세금 계산서를 받은 것은 부가가치세 매입세액 공제받을 수 있습니다. 매출세액을 내지 않는 것은 면세도 마찬가지지만, 면세의 경우 매입세액을 공제받을 수 없다는 점이 다릅니다.

영세율을 적용받으려면 영세율을 증명하는 서류를 첨부해야 하며, 그 종류는 다음과 같습니다.

🔢 상황별 영세율 증빙에 필요한 서류

① 내국 물품의 국외 반출 시: 수출 실적 명세서

② 「대외무역법」에 따른 중계 무역 방식의 수출, 위탁 판매 수출, 외국 인
   도 수출, 위탁 가공 무역 방식의 수출 시: 수출 계약서 사본, 외화 입금
   증명서

③ 내국 신용장 또는 구매 확인서에 의한 공급 시: 내국 신용장, 구매 확인
   서 사본, 외국 은행이 발행하는 수출 대금 입금 증명서

④ 국외에서 제공하는 용역 시: 외국환 은행이 발행하는 외화 입금 증명
   서, 국외에서 제공하는 용역에 관한 계약서

⑤ 선박 또는 항공기의 외국 항해 용역 시: 외국환 은행이 발행하는 외화
   입금 증명서

영세율 증명 서류를 제출하지 않아 적용 대상인 것이 확인되면 영세
율이 적용되긴 합니다. 다만 이 경우에는 영세율 과세 표준 신고 불성실
가산세(공급가액 1%)를 내야 합니다.

사업용 계좌를 신청하자

사업용 계좌 제도란 사업 관련 거래 대금을 지급하거나 지급 받을 때 계좌를 사업용, 비사업용으로 분리하여 사업 관련 금융 거래는 신고된 사업용 계좌를 사용하도록 하는 제도를 말합니다.

- **사업용 계좌 신고 대상 사업자**
  개인 사업자 중 복식 부기複式簿記, 모든 거래를 대변(자산의 감소, 부채나 자본의 증가, 이익의 발생 따위)과 차변(자산의 증가, 부채 또는 자본의 감소·손실의 발생 따위)으로 나누어 기입한 다음에 각 계좌마다 집계하는 조직적 기장법 의무자, 전문직 사업자(변호사업, 변리사업, 법무사업, 세무사업, 공인회계사업, 건축사업, 수의사업 등).

- **사업용 계좌 신고 기한**
  복식 부기 의무자는 해당하는 과세 기간의 개시일부터 5개월 이내에 사업용 계좌를 개설해야 하며, 복식 부기 의무자에 해당하는 전문 자격사(세무사,회계사,변호사 등)의 경우에는 다음 과세 기간 개시일부터 5개월 이내에 사업용 계좌를 개설해야 합니다.

- **사업용 계좌 미사용·미개설 가산세**
  ① 사업용 계좌 미사용 시: 사용하지 않은 금액의 2/1,000
  ② 사업용 계좌 미개설, 미신고 시: 신고하지 않은 기간 동안 얻은 수입의 2/1,000

- **사업용 계좌 신고 방법**
  서면 신고, 국세청 홈택스 사이트에서 신고(신청/제출 → 주요 세무 서류 신청 바로가기 →사업용(공인법인용) 계좌 개설관리)

흔히들 사업을 시작하자마자 사업자 카드와 통장을 개설하는 것을 당연하게 생각하곤 합니다. 일찍이 만들어둔다고 해서 나쁠 건 없지만 사

실 우선순위는 이것이 아닙니다. 창업 전 세무 공부를 통해 올바르게 돈 쓰는 법부터 배우는 것이 먼저 아닐까요?

사업자의 통장 관리법

예비 사업자A
공동 사업자인 경우 사업용 계좌는 각각 개설해야 하나요?

Q

택스코디
공동 사업자의 경우 그중 한 사람의 명의로 한 개의 계좌를 개설하거나
각자 계좌를 개설하거나 어느 쪽을 선택해도 괜찮습니다.

A

예비 창업자B
사업용 계좌를 신고하지 않은 경우에도 비용 처리 가능한가요?

Q

택스코디
사업용 계좌를 신고하지 않은 경우에는
해당 과세 기간 총 수입 금액의 0.2%의 가산세가 부과됩니다.
비록 가산세는 부과되지만 비용 처리가 불가한 것은 아닙니다.

A

예비 창업자C
사업용 계좌를 여러 개 사용해도 되나요?

Q

택스코디
사업용 계좌 복수 사용이 허용되므로
사업용 계좌를 여러 개 사용하는 것도 가능합니다.
필요에 따라 은행별로 사업용 계좌를 개설할 수도 있고,
거래처별로 여러 개의 계좌를 사용할 수도 있습니다.
단 각각의 계좌를 모두 사업용 계좌로 신고를 해야 합니다.

A

경험에서 나온 팁을 드리자면 통장의 여백을 잘 활용하면 좋습니다.

사업자의 통장은 입출금에 대해 가장 공신력 있는 증빙 자료 중 하나입니다. 이러한 통장을 보다 효율적으로 쓰기 위해서는 여백에 요점을 적어두는 것이 좋습니다.

사업 규모가 작으면 한 통장으로 회사 돈과 개인 돈을 같이 운용하곤 합니다. 평소에 연필이나 볼펜으로 중요한 것을 요약 정리해 적는 습관을 갖추고 있다면 통장을 확실한 소명용 장부로 활용할 수 있습니다. 세무 대리인들은 통장의 입금 내역을 무조건 매출 대금이라고 생각합니다. 그러니 오해를 피하기 위해서 불분명한 입출금 내역에 메모를 달아놓는 습관을 들이는 것이 좋습니다.

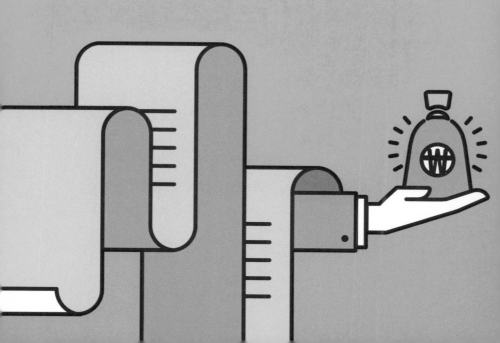

PART 02

창업자가
알아두어야 할
세금

부가가치세가 뭐예요?

예비 창업자

영수증에 쓰인 '부가가치세'는 어떤 개념인가요?

1977년 7월 1일에 시행된 「부가가치세법」은 우리나라 세정 역사에 혁신을 가져왔습니다. 「부가가치세법」은 각 거래 단계에서 발생하는 부가가치세를 과세 대상으로 하는 세금으로, 시행 당시에는 기본세율 13%에 탄력세율 10%를 적용했으나 1988년에 단일세율 10%로 수정되었습니다. 또한 수출 장려 목적으로 수출품에 영세율을 적용하고, 세 부담의 역진성을 완화하기 위해 기초생활필수품(이하 생필품)에 면세를 적용했습니다.

'세 부담의 역진성'이라는 개념을 간단히 설명해 보겠습니다. 한 달에 1억 원을 버는 사람과 100만 원을 버는 사람이 있습니다. 두 사람 모두 한 달에 기본적인 생필품 비용으로 50만 원을 지출한다고 가정해 봅시다. 55만 원(50만 원에 10%의 부가가치세가 붙은 금액)은 1억 원을 버는 사람에게는 적은 돈이지만, 100만 원을 버는 사람에게는 꽤 큰 돈입니다. 때문에 수입이 적은 사람은 이러한 세금을 불공평하다고 생각할 수도 있겠죠. 이처럼 상대적 저소득자에게 가는 세금 부담을 완화하기 위해 기초 생필품과 같은 물품에 부가가치세를 면제하는 것입니다.

부가가치세는 모든 세목에 앞서는 선행세로서 세금 계산서 제도를 정착시키고 사업자 간의 거래 실적을 투명화해 과세 표준 양성화에 크게 기여했습니다. 그러나 혹시 모를 영세 납세자의 세 부담을 덜어주기 위해 공급 대가를 과세 표준으로 하고, 과세 표준에 낮은 세율을 적용하는 과세 특례를 제한적으로 허용했습니다.

「부가가치세법」 시행 초기에는 모든 사업자가 2개월마다 부가가치세를 신고하도록 했는데 1979년부터는 3개월 단위로 개정하여 예정, 확정 신고의 체계를 갖추었습니다. 1994년부터는 일정 규모 이하의 개인 사업자를 대상으로 부가가치세 예정 고지 제도를 시행했고 신용카드 발행 금액 세액 공제를 적용했습니다.

1995년에는 연간 매출액 1억 5,000만 원 미만인 개인 사업자들을 상대로 업종별 부가가치율에 따라 납부 세액을 계산하는 간이 과세 제도를 도입했으며, 2000년에 과세 특례 제도를 폐지하면서 연간 공급가액의 합계액이 4,800만 원(2021년부터는 8천만 원) 미만인 사업자를 간이 과세자로 분류했습니다.

2000년 7월에 전자 신고 제도를 도입했으며 2003년에는 전자 신고 대상자를 전국의 모든 사업자로 확대했습니다. 2010년에 전자 세금 계산서 제도를 도입하여 2011년에는 법인 사업자, 2012년에는 직전 연도 공급가액 10억 원 이상 개인 사업자, 2014년 7월에는 직전 연도 공급가액 3억 원 이상 개인 사업자로 발급 의무를 확대했습니다.

2013년에는 모든 간이 과세 사업자의 신고 횟수를 1년 1회로 축소했고, 2019년 1월부터 간이 과세자의 납부 의무 면제 기준 금액을 종전 2,400만 원에서 3,000만 원(2021년부터는 4,800만 원)으로 상향했으며, 부가가치세 신용카드 대리 납부 제도를 시행했습니다.

그럼 이제 부가가치세는 어떤 개념이며 어떻게 계산하는지 사례를 들어 살펴보도록 하겠습니다.

식당을 운영하는 최 사장님은 손님에게 음식을 제공하고 그 값으로 3만 3,000원을 받았습니다. 이 3만 3,000원은 전부 사장님의 돈이라고 할 수 있을까요? 아닙니다. 손님이 지불한 식대를 '매출=매출액+매출세액' 공식으로 풀어보겠습니다.

매출 총 3만 3,000원 = 매출액 3만 원 + 매출세액 3,000원

매출세액 3,000원은 손님이 지불한 부가가치세를 잠깐 맡아 놓은 것

입니다. 따라서 이는 최 사장님의 돈이 아니라 부가가치세 신고 기간에 납부해야 하는 금액입니다. 사실상 손님이 지불한 부가가치세를 사장님이 맡아 두었다가 대신 납부하는 것과 다름없습니다. 때문에 부가가치세를 '간접세'라고 부릅니다. 간접세란 납세자와 납세 의무자가 다른 세금을 일컫습니다. 부가가치세의 납세자는 물건을 구매한 손님, 납세 의무자는 사장님입니다.

마찬가지로 사장님이 물건을 구입할 때에도 부가가치세가 포함된 가격을 지출하게 됩니다. 3만 3,000원에 판매하는 음식의 재료값이 1만 1,000원이라고 가정해 봅시다. 재료비 1만 1,000원은 '매입 1만 1,000원= 매입액 1만 원 + 매입세액 1,000원'으로 구성되어 있습니다. 사장님 역시 재료를 구입할 때 1,000원의 부가가치세를 더하여 지불한 것을 알 수 있습니다.

부가가치세는 '매출세액 - 매입세액=부가가치세'라는 공식으로 계산할 수 있습니다. 위와 같은 경우 최 사장님이 납부해야 할 부가가치세는 얼마일까요?

손님에게 부가가치세를 포함한 3만 3,000원을 받았고, 재료를 구입할 때에도 부가가치세가 포함된 1만 1,000원을 지불했습니다. 그러므로 계산해 보면 '3,000원-1,000원=2,000'원입니다. 손님에게 받은 부가가치세 3,000원(매출세액)을 전부 납부하는 것이 아니라, 재료비에 대한 부가가치세(매입세액)를 빼고 납부하는 것입니다.

결론적으로 최 사장님이 납부해야 할 부가가치세는 2,000원입니다.

종합 소득세 셀프 계산법

예비 창업자

종합 소득세도 직접 신고할 수 있나요?

소득 세제는 1934년에 처음 시행되어 소득을 제1종(법인 소득), 제2종(이자, 배당 등 원천 과세 소득), 제3종(제2종에 속하지 않는 개인 소득으로 종합 과세 대상)으로 구분하고, 종별 소득 금액을 각각 계산해 과세하는 분류 과세 체계로 운영되었습니다. 이 중 제1종은 1949년 7월 15일에 법인세로 분리되었습니다.

1968년에는 분류 과세와 종합 과세의 이원 체계로 개편되었다가 1975년에 소득의 원천이나 종류에 관계없이 모든 소득을 종합해 누진 과세할 수 있는 종합소득세 체계로 전면 전환되었습니다.

1994년 이전까지 소득세 확정 방식은 납세자가 신고한 과세 표준과 세액을 정부가 결정하는 부과 과세 제도였습니다. 그러나 1995년부터 납세자가 스스로 과세 표준과 세액을 계산해 신고·납부하는 신고 납세 제도를 도입해 현재까지 적용 중입니다.

1993년 8월 12일 금융 실명제가 시행되었습니다. 이에 따라 기존의 예금이 대부분 실명으로 전환되고, 금융 거래가 투명해지는 효과를 얻었습니다. 더불어 금융 소득에 대한 과세를 정상화하고자 1996년 금융 소득 종합 과세를 도입했습니다.

1999년 1월부터는 세무, 회계 지식이 부족한 사업자도 쉽게 장부를 작성할 수 있도록 간편 장부를 재정하여 고시했습니다. 간편 장부는 일종의 가계부라고 생각하면 됩니다(국세청 홈택스 사이트에서 다운로드할 수 있습니다). 그전에는 장부를 기록하지 않는 사업자는 1955년에 도입한 표준소득률 제도를 통해 소득 금액을 계산했으나 기장 신고 제도의 정착을 저해하고 세 부담의 불공평을 초래한다는 문제점이 제기되었습니다. 이에 2002년에 기준 경비율 제도를 도입해 주요 경비는 적격 증빙에 의해 인정하고, 나머지 비용은 업종별 기준 경비율을 적용해 소득 금액을 계산하도록 했습니다.

2011년에는 개인 사업자의 성실 신고를 유도하기 위해서 일정 규모 이상 사업체를 운영하는 개인 사업자는 기장 내용의 정확성 여부를 세무사에게 확인을 받도록 하는 성실 신고 확인 제도를 도입했습니다.

종합 소득세의 세율은 종합 소득 과세 체계를 도입한 1975년, 17개 과세 표준 구간에 최저 8%에서 최고 70%까지 초과 누진 세율을 적용했다가 수차례 개정을 거쳤습니다. 1991년, 6개 과세 표준 구간에 최저 5%에서 최고 50%의 세율을 적용하는 것으로 개편되었고, 1996년, 과세 표준 구간을 4단계로 단순화하고 최고 세율을 40%로 인하했습니다. 2018년 이후부터는 과세 표준 7단계로 나눴고, 2022년 현재에는 10억 초과 구간(최고세율 45%)이 신설되어 8단계로 구분됩니다.

사업자 등록을 하면 세금을 납부해야 합니다. 개인 사업자가 1년 동안 신고·납부해야 하는 세금에는 부가가치세와 종합 소득세가 있습니다.

많은 사업자들이 세금을 계산하는 방법이 어렵다고 제대로 알아볼 생각도 하지 않은 채 세무사에게 모든 일을 넘기곤 합니다. 하지만 세금은 전혀 어렵고 복잡하지 않습니다. 이것만 기억하세요. 개인 사업자의 세금은 번 돈에서 벌기 위해 쓴 돈을 빼는 것이다.

> 부가가치세=매출세액(번 돈) - 매입세액(벌기 위해 쓴 돈)
>
> 종합 소득세=[수입 금액(번 돈) - 필요 경비(벌기 위해 쓴 돈)] × 세율

앞의 최 사장님을 다시 예시로 들어봅시다. 손님이 지불한 식대는 3만 3,000원(매출액 3만 원+매출세액 3,000원)이고, 재료비는 1만 1,000원(매입액 1만 원+매입세액 1,000원)이 사용됐습니다.

계산의 편의상 소득 공제, 세액 공제는 생략하고, 종합 소득세 세율을 6%라고 가정한 뒤 종합 소득세를 계산해 볼까요?

> 수입 금액(매출액) 3만 원 - 필요 경비(매입액) 1만 원=2만 원(소득 금액)
>
> → (세율이 6%일 때) 2만 원×0.06=1,200원

따라서 위 계산에 따라 부가가치세는 2,000원, 종합 소득세는 1,200원입니다. 두 세금(부가가치세, 종합 소득세)을 더하면 3,200원이니 대략 매출의 10% 정도입니다. 물론 세율이 높아지면 종합 소득세도 커집니다. 또한 소득 공제, 세액 공제 항목이 많아지면 종합 소득세는 줄어듭니다.

살펴본 바와 같이 세금 계산은 어렵지 않습니다. 사칙 연산만 할 수 있다면 문제가 될 것이 없습니다.

원천 징수가 뭐예요?

예비 창업자

원천 징수란 무엇인가요?

소득 금액을 지급하는 자가 근로자에게 소득을 지급할 때 세액을 징수하여 대신 납부하는 것을 원천 징수라고 합니다.

근로자는 계약에 따라 상용 근로자와 일용 근로자로 나누어집니다. 상용 근로자에게 급여를 지급할 때에는 근로 소득 간이 세액표(국세청 홈페이지에서 확인 가능)에 의해 소득세 및 지방세를 원천 징수하게 됩니다. 원천 징수한 세액은 다음 달 10일까지 국세청에 납부해야 합니다.

원천 징수 의무자는 원천 징수 대상이 되는 소득이나 수입 금액을 지급하는 자를 말합니다.

원천 징수 대상 소득에는 근로 소득(급여, 상여금 등), 이자, 배당 소득, 퇴직 소득, 연금 소득, 기타 소득(상금, 강연료 등의 일시적 성질의 소득), 사업 소득(프리랜서 인적 용역 소득), 공급가액의 20%를 초과하는 봉사료가 있습니다.

원천 징수 세액의 10%는 지방 소득세 소득분으로 함께 원천 징수하여 납부해야 합니다.

🖩 근로소득자 간이 세액표 예시

월 급여액 (단위: 원) (비과세 소득 제외)		공제 대상 가족의 수				
이상	미만	1	2	3	4	5
2,000,000	2,010,000	19,520	14,750	6,600	3,220	0
3,000,000	3,010,000	84,850	67,350	32,490	26,690	21,440
4,000,000	4,010,000	211,160	183,150	124,800	106,050	89,190
5,000,000	5,010,000	363,910	325,150	256,300	237,550	218,800

출처: 국세청 홈택스

만약 공제 대상 가족이 1명인 상용 근로자에게 월 200만 원의 급여를 지급한다면, 매월 1만 9,520원의 소득세와 1,950원의 지방세를 원천 징수하여 세무서에 납부하면 됩니다.

여기서 잠깐, 정식 직원과 일용직 직원을 구분하는 기준은 무엇일까요?

하루 단위로 일당을 받는 노동자나 고용 계약 기간이 정해져 있는 기간제 노동자를 일용직 근로자라고 합니다. 세법에서는 3개월 이상 근무하는 경우는 상용직으로 봅니다. 따라서 '근무 기간 3개월'이 일용직과 상용직을 구분하는 기준이라고 봐도 무방할 듯 합니다.

일용직 근로자의 일당은 15만 원까지 비과세입니다. 그러나 15만 원 이상을 받는 경우에는 원천 징수하여 다음 달 10일까지 관할 세무서에 납부해야 합니다. 그리고 다음 달 말일까지 일용직 지급 명세서를 제출해야 합니다.

개별 소비세가 뭐예요?

예비 창업자

개별 소비세란 무엇인가요?

개별 소비세란 특정한 물품을 제조 또는 수입할 때, 혹은 특정 장소에 입장할 때, 유흥 음식 행위 및 영업 행위를 했을 때 등에 과세하는 세금을 말합니다. 아래와 같은 사업을 하는 경우에는 부가가치세 이외에도 개별 소비세와 그에 따른 교육세, 농어촌 특별세도 납부해야 합니다.

▲투전기, 오락용 시행기구 등과 수렵용 총포류 제조업자 및 수입업자
▲보석 및 귀금속류 제조 또는 수입자(1개당 500만 원 초과분)
▲고급 시계(1개당 200만 원 초과분), 고급 융단(200만 원, ㎡당 10만 원을 곱해 그 중 가장 큰 금액이 200만 원을 초과했을 시), 고급 가방(1개당 200만 원 초과분), 고급 모피(1개당 500만 원 초과분), 고급 가구(1조당 800만 원 또는 1개당 500만 원 초과분), 정원 8명 이하 승용 자동차(경차 제외), 석유류, 무연탄, 담배
▲경마장, 경륜장, 경정장, 투전기 설치 장소, 골프장, 카지노 등 과세(영업) 장소
▲룸살롱, 나이트클럽, 디스코클럽, 카바레, 요정 등 과세 유흥 장소

과세 물품을 판매, 제조하는 경우에는 사업 개시 5일 전까지 관할 세무서장에게 개업 신고서를 제출해야 합니다. 과세 장소, 과세 유흥 장소, 과세 영업 장소에서 영업을 하는 경우에는 영업 개시 전까지 제출해야 합니다.

구분	사업자	신고, 납부 기한	신고, 납부할 내용
개별 소비세	과세 물품 제조, 수입	분기의 다음 달 25일까지 (석유류, 담배는 다음 달 말일까지)	3개월간의 제조장, 보세구역 반출 가격 (기준 가격 초과분)
	과세 장소		3개월간의 입장 인원
	과세 유흥 장소	다음 달 25일까지	1개월간의 유흥 음식 요금
	과세 영업 장소	다음 해 3월 말일까지	1년간 총 매출액

개별 소비세 과세 물품을 제조하여 반출하는 자는 반출한 날이 속하는 분기의 다음 달 25일(석유류, 담배는 판매 또는 반출한 달의 다음 달 말일)까지 판매장, 제조장 관할 세무서장에게 신고·납부해야 합니다.

과세 유흥 장소를 경영하는 사람은 유흥 음식 행위를 한 달의 다음 달 25일까지 과세 유흥 장소의 관할 세무서장에게 개별 소비세를 신고 및 납부해야 합니다.

정원이 8명 이하인 승용 자동차와 캠핑용 자동차에는 5%의 개별 소비세가 과세됩니다. 배기량 1,000cc 이하의 경차는 비과세이며, 전기 자동차는 2022년 6월까지 개별소비세 30% 감면 혜택을 받을 수 있습니다. 개별 소비세 이외에 교육세(개별 소비세의 30%)도 함께 납부해야 합니다.

과세 장소 입장 시에는 개별 소비세가 부과됩니다. 이때 개별 소비세 의 30%를 교육세로 함께 납부해야 합니다.

▲경마장: 1,000원(장외 발매소는 2,000원)
▲투전기 시설 장소: 1만 원
▲골프장: 1만 2,000원
▲경륜장, 경정장: 400원(장외 매장은 800원)
▲카지노: 5만 원(폐광 지역 지원, 허가 지역 카지노는 6,300원, 외국인은 2,000원)

그렇다면 유흥 주점의 개별 소비세는 어떻게 계산할 수 있을까요? 한 달 매출이 1억 원이라고 가정하여 계산해 봅시다.

- 부가가치세 과세 표준(매출액)=1억 원(매출)÷1.1=9,090만 9,090원
- 개별 소비세 과세 표준=9,090만 9,090원÷1.13=804만 5,522원
- 개별 소비세=804만 5,522원×10%=80만 4,552원
- 교육세=80만 4,552원×30%=24만 1,365원
- 부가가치세=9,090만 9,090원×10%=909만 901원

프리랜서 세금 신고 도와주세요!

초보 프리랜서

회사를 다니다 최근 프리랜서로 전향했습니다.
프리랜서는 세금 신고를 어떻게 하나요?
사업자 등록은 안 해도 되는 건가요?

세법에서는 프리랜서를 '사업자 등록 신고를 하지 않은 자유직업 소득자'라고 말합니다. 작가로 일하고 있는 저도 흔히 말하는 프리랜서입니다.

법에 따르면 프리랜서는 사업주로부터 업무 지시를 받는 것이 아니라 독립적으로 일하고, 출퇴근 시간이나 근무 장소를 제한받지 않아야 합니다. 저는 출판사와 약속한 날까지 원고를 마감해야 하는데 출판사에 직접 출근하지 않고 집에서 원고를 씁니다. 전형적인 프리랜서의 모습이죠.

앞서 말했듯 프리랜서란 사업자 등록증이 없는 개인 사업자이기 때문에 이들의 소득은 근로 소득이 아닌 사업 소득으로 구분됩니다. 때문에 사업 소득이 있을 경우 매년 5월에 종합 소득세를 신고·납부해야 합니다.

많은 분들이 프리랜서는 사업자 등록을 안 해도 되는지 궁금해 하십니다. 네, 프리랜서는 사업자 등록을 하지 않아도 됩니다. 「부가가치세법」 제42조에 따르면 개인이 면세 대상을 취급하고 사업자 등록을 하지 않아도 되는 이유를 아래와 같이 설명합니다.

> 개인이 물적 시설 없이 근로자를 고용하지 않고 독립된 자격으로 용역을 공급하고 대가를 받는 인적 용역은 면세 대상이다.

여기서 '물적 시설이 없'다는 것은 사업장이 없다는 뜻입니다. 즉 사무실이 있으면 프리랜서가 아닙니다. '근로자를 고용하지 않고'란 직원 없이 혼자 일하는 것을 말합니다. 웹툰 작가의 어시스트, 연예인의 코디네이터는 직원이 아닌 보조자로 분류됩니다. '독립된 자격'이란 어느 회사에 고용되거나 속해있지 않음을 말합니다. 무엇보다도 물건이 아닌 '용역'을 공급해야 하는데, 공인 회계사나 변호사와 같은 전문직 사업자의 용역은 해당되지 않습니다.

우리 주변에서 볼 수 있는 프리랜서에는 디자이너, 프로그래머, 모델, 학원 강사, 작가 등이 있습니다.

프리랜서는 통상 보수에서 3.3%를 공제하고 지급받는 사업 소득자입니다. 그러므로 발생한 사업 소득에 대해 연말 정산을 하는 것이 아니라 5월에 종합 소득세를 신고해야 합니다.

그런데 프리랜서임에도 연말 정산을 하는 경우가 있습니다. 다음의 예시가 바로 그것입니다.

▲보험 모집인: 독립된 자격으로 보험 가입자를 모집하거나 이에 부수되는 용역을 제공하고, 그 실적에 따라 모집 수당을 지급받는 자.
▲방문 판매원: 방문 판매업자를 대신하여 방문 판매업을 수행하고 그 실적에 따른 판매 수당을 받는 자.
▲음료 배달 판매원: 독립된 자격으로 음료품을 배달하는 계약 배달 판매 용역을 제공하고 판매 실적에 따른 판매 수당 등을 받는 자.

위의 사항처럼 연말 정산을 하는 특수 고용 노동자도 있으니 꼭 해당 사항을 확인하고 올바른 세금 신고를 하도록 합시다.

개인 사업자 세금 신고 달력

예비 창업자

사업자가 꼭 확인하고 신경 써야 하는 달이 있나요?

세금은 국가 운영에 필요한 비용을 국민들이 공동 부담하는 것이므로 누구에게나 예외 없이 적용되는 것이 원칙입니다. 그러므로 절세의 시작은 언제, 어떤 세금을 내는가를 사전에 숙지하고 준비하는 것입니다.

매년 1월(25일까지)에는 제2기 부가가치세 확정 신고가 있습니다. 일반 과세자, 간이 과세자 모두 신고·납부해야 합니다. 일반 과세 사업자는 작년 하반기분(7월~12월), 간이 과세 사업자는 전체분(1~12월)을 신고해야 합니다.

매년 2월(10일까지)에는 면세 사업자의 사업장 현황 신고가 있습니다. 면세 사업자의 수입 금액은 사업장 현황 신고를 통해 확정됩니다.

4월(25일까지)에는 부가가치세 예정 신고, 예정 고지 납부가 있습니다. 1월에 신고한 부가가치세 납부 금액의 절반을 납부해야 합니다.

5월(31일까지)은 전년도 종합 소득이 있는 사업자의 종합 소득세 신고·납부가 있는 달입니다.

6월(30일까지)은 성실 신고 대상 사업자의 종합 소득세 신고·납부가 있는 달입니다.

7월(25일까지)은 제1기 부가가치세 확정 신고가 있는 달입니다. 일반 과세 사업자, 일반 과세 전환 사업자는 1월~6월까지의 부가가치세를 신고·납부해야 합니다.

10월(25일까지)은 부가가치세 예정 신고, 예정 고지 납부가 있는 달입니다. 기한 내에 납부하지 않으면 가산세 3%가 부과됩니다.

11월에는 종합 소득세 중간 예납이 있습니다. 중간 예납 세액은 5월에 납부한 금액의 절반입니다. 납부 세액은 다음 해 5월 종합 소득세를 신고할 때 기납부 세액으로 공제됩니다.

▦ 세금 신고 달력

1월	2월	3월	4월
·25일까지 제2기 부가가치세 확정 신고. *일반 과세자, 간이 과세자 모두!	·10일까지 면세 사업자 사업장 현황 신고.	X	·25일까지 부가가치세 예정 신고, 예정 고지 납부.

5월	6월	7월	8월
·31일까지 종합 소득세 신고·납부.	·30일까지 성실 신고 대상 사업자 종합 소득세 신고·납부.	·25일까지 제1기 부가가치세 확정 신고.	X

9월	10월	11월	12월
X	·25일까지 부가가치세 예정 신고, 예정 고지 납부. *늦으면 가산세 3%!	·종합 소득세 중간 예납.	X

세금 신고를 제때 하지 않으면 어떤 불이익이 있을까?

최 사장님은 사업 재정 상태가 어려워 세금을 납부할 돈조차 없자 부가가치세 신고를 하지 않았습니다. 하지만 세금을 납부할 상황이 아니더라도 신고는 꼭 해야 합니다. 신고를 했을 때와 안 했을 때의 가산세 차이는 매우 큽니다.

도매업을 하는 일반 과세자 최 사장님, 매출이 1억 1,000만 원이고 매입이 7,700만 원입니다. 세금을 납부하지 않은 기간이 6개월(180일)이라고 가정하여 신고 유무에 따른 가산세 차이를 살펴보겠습니다.

🖩 신고한 경우

- 부가가치세=매출세액-매입세액=1,000만 원-700만 원=300만 원
- 납부 불성실 가산세=300만 원×180일×25÷100,000=13만 5,000원
- 총 부담 세액=300만 원+13만 5,000원=313만 5,000원

▦ 신고하지 않은 경우

- 부가가치세=300만 원
- 매출처별 세금 계산서 합계표 미제출 가산세=매출액 1억 원×1%=100만 원
- 매입처별 세금 계산서 합계표 미제출 가산세=매입액 7,000만 원 ×1%=70만 원
- 신고 불성실 가산세=300만 원×20%=60만 원
- 납부 불성실 가산세=300만 원 ×180일×25÷100,000=13만 5,000원
- 총 부담 세액=300만 원+100만 원+70만 원+6만 원+13만 5,000원
  =543만 5,000원

이렇듯 신고하지 않은 경우 신고했을 때보다 230만 원의 가산세가 더

부과됩니다. 그러므로 납부하지 못하더라도 신고는 꼭 해야 합니다.

PART 03

창업의
시작을 알리는
사업자 등록증

다른 사람 이름으로
사업자 등록을 해도 될까?

명의 대여자

개인 사업자에게 명의를 대여해 준 뒤
세금 체납과 4대 보험 미납 문제로 너무 고통스럽습니다.
해결할 방법 없을까요?

이런 경우 세무서에 자진 신고하면 실질 과세 원칙에 의거해 실사업자에게 세금을 돌릴 수 있습니다. 4대 보험 미납 문제 역시 실사업자에게 돌리면 됩니다.

위의 사례처럼 명의를 빌려주었다가 낭패를 당하는 일이 이따금 있습니다. 명의를 빌려준 사업에서 소득이 발생하면 그에 따라 명의자의 국민연금이나 건강 보험료 부담이 늘게 됩니다.

또한 사업이 잘못되어 실사업자가 세금을 못 내면 사업자 등록상의 명의자에게 세금이 부과되고, 체납 처분도 명의자에게 집행됩니다. 이처럼 명의를 빌려줌으로써 생기는 불이익은 생각보다 큽니다. 불가피하게 명의를 빌려주어야 하는 상황이 생겼다면 관련 내용을 기재한 계약서를 작성하여 공증을 받아놓도록 합시다. 이는 추후에 문제가 발생했을 때 내용을 소명하는 데 도움이 됩니다.

세금이 체납되었을 때 명의 대여자가 자신은 명의만 빌려주었다는 사실을 입증할 수 있으면 실사업자에게 체납 세금을 부과할 수 있습니다. 이를 '실질과세 원칙'이라 합니다. 문제는 명의 대여자가 사업과 전혀 관련이 없다는 사실을 입증하기가 쉽지 않다는 것입니다.

명의 대여자가 사실을 입증할 수 있는 증빙의 종류에는 실사업자가 본인이 실사업자임을 인정하는 녹취록, 실사업자가 명의 대여자의 체납 세금을 일부 납부한 기록 등이 있습니다. 또한 이를 통해 사실을 인정받은 사례도 있습니다.

운 좋게 실사업자가 밝혀져 억울한 세금을 내지 않게 되었다 하더라도, 명의 대여자는 「조세범처벌법」에 의해서 처벌받을 수 있습니다. 또한 명의 대여 사실은 국세청 전산망에 기록, 관리되기 때문에 나중에 사업을 하려고 할 때 불이익을 받을 수도 있습니다. 그러니 가장 좋은 방법은 애초에 명의를 빌려주지 않는 것입니다.

집 주소로 사업자 등록을 할 수 있을까?

예비 창업자

현재 회사를 다니고 있습니다.
다음 달부터 집에서 작게나마 인터넷 소핑몰을 시작할까 합니다.
재직 중에도 사업자 등록이 가능한가요?
그리고 전세로 살고 있는 집 주소로 사업자 등록을 할 수 있나요?

만약 지금 다니고 있는 회사에 근로자의 사업자 등록을 제한하는 규정이 없다면 재직 중에도 사업자 등록을 할 수 있습니다. 대부분의 회사에는 그런 규정이 없습니다.

또한 집 주소로 사업자 등록을 하는 것도 가능합니다. 반드시 사무실을 구해야 한다는 규정은 없습니다. 단, 집 주소로 사업자 등록을 하는 경우 월세는 비용 처리가 되지 않습니다. 세법의 관점에서 집은 주거 목적으로 사용하는 것이며, 월세 비용이 사업과 관련되었다고 보지 않기 때문입니다.

저처럼 책을 집필하는 작가들은 프리랜서인 경우가 많습니다. 집에서 원고를 집필을 하는 경우도 있지만 작업실을 임대해 임차료를 지불하면서 집필하는 경우도 있습니다. 그렇다면 프리랜서가 작업 공간에 지불한 임차료를 비용 처리할 수 있을까요?

앞서 프리랜서란 개인이 물적 시설 없이 근로자를 고용하지 않고 독립된 자격으로 용역을 공급하고 그에 대한 대가를 받는 인적 용역 제공자를 말한다고 했습니다. 여기서 말하는 물적 시설이란 반복적으로 사업에 이용되는 건축물, 기계 장치 등의 사업 설비를 말합니다. 프리랜서는 물적 시설 없이 용역을 제공하는 사람이므로 원칙적으로는 임차료를 비용 처리할 수 없습니다.

그러나 사업자 등록을 한 경우에는 다릅니다. 사업자 등록을 한 프리랜서는 작업실 임차료를 비용 처리할 수 있다는 장점이 있지만 부가가치세를 신고해야 한다는 다소 번거로운 점이 있습니다.

사업자 등록은 언제 정정할 수 있나요?

예비 창업자

사업자 등록증을 미리 발부받았는데
정정하고 싶은 사항이 있습니다.
사업자 등록은 언제 정정할 수 있나요?

사업자 등록 정정 신고를 해야 하는 경우가 있습니다. 다음과 같은 상황입니다.

📟 사업자 등록 정정 신고를 해야 하는 상황

① 상호나 법인의 대표자가 변경되는 경우: 개인 사업자는 대표자가 변경되면 폐업 후 신규 등록해야 합니다.

② 대표자 사망으로 인한 사업체 상속으로 사업자 명의가 바뀌는 경우

③ 공동 사업자 구성원 또는 출자 지분이 바뀌는 경우

④ 사업 종류가 변경되거나 사업장을 이전하는 경우

이 중 ④ 중 사업 종류가 변경되는 경우에 대해 좀 더 상세히 설명해

보도록 하겠습니다.

🖩 사업의 종류가 변경되는 경우

① 완전히 다른 업종으로 변경하는 경우

예) 숙박업을 하다가 요식업으로 변경하는 경우

② 새로운 종류의 사업을 추가하는 경우

예) 숙박업을 하다가 요식업을 추가하는 경우

③ 사업의 종류 중 일부를 폐지하는 경우

만약 사업자 명의를 변경하려는 경우에는 어떨까요? 개인 사업자는 명의 변경이라는 개념이 없습니다. 친구나 가족이 하던 사업을 명의 변경해 운영하려는 경우가 많은데 이때는 전 사업주가 폐업 신고를 하고 현 사업주가 신규 사업자 등록을 해야 합니다.

사업자 번호를 동일하게 유지하면서 대표자만 바꾸는 것을 명의 변경이라고 합니다. 앞서 말했듯 개인 사업자는 명의 변경 제도를 이용할 수 없지만 두 가지 예외가 있습니다.

🖩 개인 사업자 명의 변경 사유

① 대표자의 은퇴, 사망 등으로 인해 상속이 일어나는 경우: 사업자 번호는 그대로 유지하면서 상속인을 대표자로 바꿀 수 있습니다.

② 명의 위장 사업자의 실사업자 과세: 사업자 번호는 그대로 유지하면서 실사업자로 대표자가 변경됩니다. 세무서 직권으로 처리하는 경우입니다.

개인 사업자와 법인 사업자, 어느 것이 더 유리할까?

초보 사장님

개인 사업자와 법인 사업자는 무엇이 어떻게 다른가요?

단순히 종합 소득세율보다 법인세율이 낮다는 이유만으로 법인 전환을 고려하는 사장님들을 종종 보게 됩니다. 예를 들어봅시다.

연 매출이 10억 원 정도되는 음식점을 운영 중인 최 사장님은 이를 법인으로 전환하면 어떨까 고민 중입니다. 최 사장님이 개인 사업체에서 법인 사업체로 전환하는 순간 늘어나는 부가가치세를 계산해 볼까요?

사업자가 부가가치세를 면제받아 수입하거나 공급받은 농·축·수·임산물을 제조·가공해 판매하는 경우, 면제되는 물품의 가액에 업종별, 종류별로 재무부령으로 정한 일정률을 곱해 계산하고, 그 금액을 매입세액으로 공제할 수 있습니다(「부가가치세법」 시행령 제42조 1항). 이러한 제도를 의제 매입세액 공제라고 합니다. 개인 사업자와 법인 사업자는 의제 매입세액 공제율과 공제 한도에 차이가 있습니다. 각각의 의제 매입세액 공제 금액을 계산해 보겠습니다.

최 사장님이 개인 사업자일 경우 의제 매입세액 공제 한도는 과세 표준(면세 식재료 금액을 3억원이라 가정)의 40(종전에는 50%)%이고, 공제율은 8/108입니다. 10억 원의 40%는 4억 원이므로 개인 사업자일 때 의제 매입세액 공제 금액은 4억 원×8/108=29,629,629 원입니다.

최 사장님이 법인 사업자일 경우 의제 매입세액 공제 한도는 과세 표준의 40%이고, 공제율은 6/106입니다. 10억 원의 40%는 4억 원이므로 법인 사업자일 때 의제 매입세액 공제 금액은 4억 원×6/106=22,641,509원입니다.

위 계산으로 알 수 있듯 최 사장님이 개인 사업자에서 법인 사업자로 전환한다면 부가가치세가 대략 700만 원 정도 늘어납니다.

이뿐만 아닙니다. 법인 사업자는 신용카드 매출세액 공제(연간 한도 1천만 원)도 받을 수 없습니다. 개인 사업자는 연간 매출액이 10억 원을 초과한 경우 신용카드 매출세액 공제를 받을 수 없습니다.

그럼에도 불구하고 법인세율이 낮다는 이유만으로 법인 사업자 전환을 고민하는 분들이 여전히 많습니다. 세무에는 정해진 답이 없으므로 상황에 따라서 결과가 달라지는 일이 빈번합니다. 그렇다면 어떤 경우에 법인 전환을 고민해야 할까요?

법인 사업자로 전환을 생각해 볼 필요가 있는 경우를 정리해 보았습니다. 다음의 경우에 포함된다고 꼭 전환해야 한다는 의미는 아닙니다. 여러 상황을 종합적으로 고려해 판단하도록 합시다.

🖩 법인 사업자 전환 시 유리한 경우

① 성실 신고 확인 대상자

② 기업 승계를 염두에 두고 있는 사업주

③ 종합 소득세 부담이 큰 사업주

④ 부동산 임대 사업을 하고 있는 사업주

⑤ 정부 정책 자금을 받고 싶은 사업주

⑥ 자녀에게 사전 증여를 하고 싶은 사업주

공동 명의 창업,
사업자 등록증도 두 개 내야 할까?

예비 창업자

공동 창업을 앞두고 있습니다.
대표가 두 명 이상일 때는
사업자 등록증도 두 개 발급받아야 하나요?

공동 명의로 창업할 때에는 각자 사업자 등록할 필요 없이 한 사람만 하면 됩니다. 사업자 등록 시에는 사업자 현황(인적 사항, 시설 현황 등)을 기재해 관할 세무서에 신고해야 합니다. 이를 '사업장 현황 명세서'라고 합니다. 공동 사업자인 경우에는 다음 장에 있는 서식을 채워서 등록하면 됩니다. 이는 국세청 홈택스 사이트에서도 신고할 수 있습니다.

다음 서식은 공동 사업자인 경우에만 작성하는 것입니다. 공동 사업자의 인적 사항을 기재한 후 공동 사업 계약서상 분배 비율에 맞춰 수입 금액을 분배하여 기재합니다.

공동 사업자로 사업자 등록을 할 때에는 관련 서류를 지참해서 혼자 가도 상관은 없으나, 동업할 이와 함께 세무서에 가는 것이 가장 빠른 방법입니다.

🔢 사업자 현황 명세서 서식 예시

※ 공동 사업자인 경우에만 작성합니다.

공동 사업자의 수입 금액 부표

상호		사업자 등록 번호	

수입 금액 분배 내용

공동 사업자		분배 비율 (%)	수입 금액 (원)
성명			
주민 등록 번호			
합계			

기존 사업자 등록을 공동 사업자로 정정하려면 각자의 신분증, 기존 사업자 등록증 원본이 필요합니다.

주의할 점은 공동 사업자 약정서를 작성할 때 지분 비율을 어떻게 나눌지 미리 결정해야 한다는 것입니다. 공동 사업자는 지분 비율이 매우 중요합니다. 추후 종합 소득세를 신고할 때 수입 금액이 지분 비율만큼 나누어지기 때문입니다.

종합 소득세 세율은 누진세 구조(전체 소득 금액은 동일해도 둘로 나누면 적용되는 세율이 낮아짐)이므로 지분 비율만큼 매출이 나눠지면 종합 소득세가 줄어들게 됩니다.

공동 대표 창업 시 세금 정산

공동 명의 사업자의 세금 정산법을 간단히 정리하면 다음과 같습니다.

📟 부가가치세

부가가치세의 주체는 사업장입니다. 때문에 대표자가 2명이든 3명이든 하나의 사업장을 기준으로 신고·납부가 이루어집니다.

📟 종합 소득세

종합 소득세의 주체는 개인입니다. 때문에 한 사업장에서 발생한 수입과 경비를 한꺼번에 처리한 후, 각자의 소득 분배 비율로 나누어 소득 금액을 계산하게 됩니다.

앞서 말했듯 종합 소득세는 소득 금액이 커짐에 따라 세율이 높아지는 누진세 구조입니다. 때문에 공동 명의인 경우 소득이 분산되므로 종합 소득세 절세 효과가 있습니다.

부부가 함께 사업을 하는 경우가 많지요? 많은 이들이 특별한 이유 없이 한 사람 명의로 사업자를 등록하는데요. 팁을 하나 드리자면 공동 명의로 등록했을 때 세금이 더 적게 나옵니다. 종합 소득세는 개인별로 소득세를 부과하기 때문입니다. 더불어 누진이 되는 구조이기 때문에 한 사람이 모든 소득을 가지는 것보다는 동일한 소득을 부부가 나누어 가질 때 세금이 적게 나옵니다.

한 사람 명의로 시작했다가 추후에 배우자를 동업자로 추가하는 것도 가능합니다. 개인 사업을 공동 사업자에게 포괄 양도하거나, 개인 사업자를 폐업하고 공동 사업자로 신규 등록하는 방식으로 전환하면 됩니다.

PART 04

베테랑 사장님도
꼭 알아야 하는
노무 상식

근로기준법을 알아야 하는 이유

사업 n년차 사장님

저는 미용실을 운영하고 있습니다.
직원과 합의하에 급여를 결정하고 고용했는데
근로기준법에 어긋난다며 임금 추가 지불을 요구합니다.
상호 간에 합의를 했음에도 불구하고
최저 임금을 꼭 지켜야 하나요?

최근 실제 있었던 사례를 하나 소개할까 합니다.

미용실을 운영하고 있는 원장님에게 한 학생이 찾아와 직원이 필요하지 않은지 물었습니다. 현재 직원이 필요치 않다고 거절했지만 미용 기술이 배우고 싶어서 그런다며 월급은 주지 않아도 되니 일하게 해달라고 부탁했습니다.

원장님은 어렵게 미용 기술을 배웠던 어린 시절이 생각나기도 하고 학생의 의지가 대단해 일단 3개월 동안 주 5일, 하루 8시간씩 근무시키기로 결정했습니다. 급여는 필요 없다고 했지만 월 80만 원을 주기로 했고 학생은 더없이 고마워했습니다.

약속했던 3개월이 흘러 원장님은 이 직원을 정리하려고 했습니다. 처음부터 직원이 필요해서 채용한 것도 아니었고, 직원을 채용할 만큼 장사가 잘되는 것도 아니었습니다. 그런데 무급으로 일하겠다던 직원은 갑자기 급여를 문제 삼았습니다. 한 달 급여로 80만 원 정도를 받았는데 알아보니 법적으로 문제가 되는 금액이라며 모자란 금액을 전부 달라는 것이었습니다. 합의하에 결정한 것이 아니냐고 따져 물었지만 결국 원장님은 이 직원에게 약 300만 원을 추가 지급해야 했습니다.

선의로 직원을 채용했지만 결과적으로 경제적 피해를 입고 무척 억울한 상황입니다. 공감은 되지만 이 사건을 판단하는 「근로기준법」에는 공감 능력이 없습니다. 「근로기준법」은 사업자와 근로자가 반드시 지켜야 할 사항을 법으로 만든 것이고, 이를 지키지 않았을 때는 설령 당사자 간 합의를 했더라도 처벌을 받게 됩니다.

월 80만 원의 급여는 「근로기준법」 중 「최저임금법」에서 정한 최저 임금(2022년 최저 임금은 시급 9,160원, 주 5일 하루 8시간 근무일 경우 월 급여 191만 4,440원)을 지키지 않은 금액입니다. 때문에 차액을 지급해야 했던 것입니다.

위의 사례처럼 당사자 간 합의를 통해 해당 기준을 마음대로 낮추는 행위는 무효입니다. 하지만 법에서 정한 기준보다 높은 급여를 적용하는 것은 가능합니다.

노동법은 근로자를 위한 법입니다. 사용자(사업주)가 우월적 지위를 이용해 일방적으로 임금을 정한다면 직원들은 정당한 노동의 대가를 받을 수 없습니다. 때문에 강력하게 적용되는 것입니다.

사업주는 이러한 「근로기준법」을 잘 알아야 합니다. 그래야만 이 사례처럼 억울한 일을 겪지 않게 됩니다. 만약 원장님이 이 책을 읽었다면300만 원을 아낄 수 있었을 텐데……. 안타까운 마음이 듭니다.

난 직원을 믿었을 뿐인데

사업 n년차 사장님

신용 불량자라며 퇴직금 조정을 요청한 직원의
요구사항을 들어주었다가 큰 낭패를 봤습니다.
퇴직금은 꼭 지불해야 하나요?

최 사장님은 3년 전 직원 한 명을 새로 뽑았습니다. 이 직원은 자신이
사실 신용 불량자라며 월급은 현금으로 지급받고 싶고, 4대 보험은 가입
하지 않았으면 좋겠다고 요구했습니다. 조금 번거롭고 비용 처리를 할
수 없다는 문제도 있었지만, 사정이 딱해서 조건을 들어주었습니다.

그러자 이 직원은 여기에서 그치지 않고 열심히 오래 일할 테니 퇴직
금도 월급에 포함시켜 달라고 간곡히 요청했습니다. 최 사장님은 직원의
사정을 헤아려 월급 300만 원에 퇴직금 30만 원을 추가로 지급했습니다.
매달 330만 원을 지급한 것입니다.

그런데 3년이 지나 일을 그만두게 된 직원이 퇴직금을 지급해 달라고
요청했습니다. 알아보니 퇴직금은 법적으로 월급에 포함시키면 안 된다

고 하면서 말입니다.

직원은 3년 전 사장과 했던 약속을 기억하고 있지만 경제적 사정이 취업 당시보다 더 어려워져서 퇴직금이 꼭 필요했습니다. 결국 이 직원은 고용노동부 진정을 통해 3년 치 퇴직금 900만 원을 지급받았습니다. 최사장님 입장에선 아주 억울한 일이겠지요.

많은 사업주들이 이런 일을 겪고 나서야 노무에 관심을 가집니다. 하지만 이미 손해본 것을 되돌릴 수는 없습니다. 또다시 이런 일을 겪지 않기 위해서, 혹은 이런 일이 일어나는 것을 방지하기 위해서는 최소한의 노무 지식에 대해 공부할 필요가 있습니다. 그래야 소중한 돈을 지킬 수 있습니다.

근로 계약서는 적극적으로 작성해야 한다

사업 n년차 사장님

직원을 채용할 때마다 근로 계약서를 꼭 써야만 하나요?

부동산을 계약할 때 꼭 임대차 계약서를 작성해야 하는 것처럼 직원을 채용할 때에도 꼭 근로 계약서를 작성해야만 합니다.

최근 근로 계약서 미작성으로 고발을 당한 사례가 많다보니 마지못해 근로 계약서를 작성하는 경우가 많습니다. 하지만 근로 계약서는 기피할 사항이 아닙니다. 임대차 계약서와 같이 적극적으로 작성해야 합니다.

임대차 계약서를 작성하는 이유는 임대차 계약이 종료되었을 때 임대 보증금을 돌려받기 위함입니다. 이를 위해 공인 중개사에게 수수료까지 지급하면서 계약서를 작성합니다. 마찬가지로 사장님의 입장에서 근로 계약서는 채용한 직원에게 소정의 급여를 정당하게 지급했다는 증명 자료입니다.

물론 직원의 통장 내역도 임금을 지급했다는 근거가 될 수 있습니다. 그러나 통장에 입금된 금액이 모든 임금이 정확히 지급되었다는 사실을 증명하지는 못합니다.

만약 매월 통장으로 200만 원을 지급받은 직원이 자신의 월급은 원래 250만 원이었다고 주장한다면 당사자 간에 급여를 200만 원으로 합의했다는 사실을 증명하기 곤란해질 수 있습니다. 그리고 임금 200만 원이 어떤 조건으로 결정된 금액인지 정확히 설명할 수도 없습니다.

가령 일주일에 45시간 근무하기로 합의하고 200만 원을 지급했는데, 직원이 200만 원은 주 40시간에 대한 대가이며 5시간에 대한 대가는 별도로 지급받기로 했다고 주장하면 이 또한 증명해야 합니다.

소규모 사업장에서 이런 사실을 구체적으로 증명할 수 있는 유일한 증빙이 바로 근로 계약서입니다. 그러므로 근로 계약서는 「근로기준법」에서 정했으니까 적는 것이 아니라 사업자 본인을 위해서 반드시 작성해야 합니다. 임금 지급의 근거를 분명히 하기 위해 적극적으로 근로 계약서를 작성하도록 합시다.

사업자들이 근로 계약서 작성을 소홀히 하는 이유는 직원과 문제가 생기지 않을 것이라는 막연한 믿음 때문일 것입니다. 하지만 소규모 사업장에서 직원과 업주 간의 노동 분쟁은 지속적으로 증가하고 있습니다.

그렇다면 근로 계약서는 언제 작성해야 할까요? 바로 직원의 첫 출근

일에 작성하는 것이 좋습니다.

　직원이 출근하고 며칠 만에 그만두는 경우도 빈번하기 때문에 일정 기간 근로 계약서 작성을 미루는 사업주들이 많습니다. 직원이 그만두지 않고 계속 근무한다면 문제가 없을 수도 있지만, 며칠 안에 그만두는 경우 해당 직원과 분쟁이 발생했을 때 근로 계약서 미작성으로 사업주가 처벌을 받을 수 있습니다.

　또 직원의 공식적인 입사일을 4대 보험 가입일로 인식하는 사장님들이 있습니다. 하지만 4대 보험을 언제 가입했는지는 상관없이 직원이 실제 근무를 시작하는 날이 첫 근무일입니다. 이는 퇴직금을 계산할 때 기입하는 입사일이 됩니다. 따라서 근로 계약서 작성 시 근무 시작일은 4대 보험 가입일이 아닌 첫 출근일로 기록해야 합니다.

　근무 조건이 바뀌면 변경된 근무 조건을 반영하여 근로 계약서를 재작성한 후 직원에게 1부를 교부해야 합니다.

　특히 임금 변경, 근무 시간 변경 등으로 인해 급여가 낮게 조정되는 경우에는 반드시 해당 사항을 반영해 근로 계약서를 다시 작성해야 합니다. 다만 다른 조건이 변경되지 않고, 근로계약 기간만 연장하는 경우에는 다음과 같이 근로 계약서상에 자동 갱신 조항을 넣어 다시 작성하지 않을 수도 있습니다.

📟 자동 갱신 조항 예시

(전략)

계약 기간 만료일 30일 전까지 별도의 근로 계약 갱신이 없는 경우 동일한 조건으로 재계약한 것으로 한다.

(후략)

작성된 근로 계약서 교부 및 보관

사업 n년차 사장님

근로 계약서를 꼭 직원에게도 줘야 하나요?

근로 계약서 작성 후에는 반드시 1부를 직원에게 교부해야 합니다. 따라서 근로 계약서는 2부를 작성해서 1부는 사업주가 보관하고, 1부는 직원에게 교부하는 것입니다.

마찬가지로 임금, 근로 시간 등 근로 조건이 변경된 경우 근로 계약서를 재작성하고 1부를 직원에게 교부해야 합니다. 임대차 계약 시 계약 내용이 바뀌면 계약서를 다시 작성하는 것과 같은 이치입니다.

직원이 근로 계약서를 분실했을 경우를 대비해 다음과 같이 근로 계약서 1부를 교부한 사실에 대한 확인을 별도로 받아놓는 것이 좋습니다.

🖩 근로 계약서 교부 확인 작성 예시

> (전략)
>
> 상기 본인은 근로 계약서를 교부 받았음을 확인함.
>
> 확인자:　　　　　(서명)

이렇게 작성한 근로 계약서는 3년 이상 보관해야 합니다. 간혹 근로 계약서를 분실한 상태로 노동 분쟁이 생겨 곤란을 겪는 경우가 있습니다. 근로 계약서 미작성, 미교부, 보관 의무 위반에 대한 처벌은 아래와 같습니다.

🖩 근로 계약서 분실 혹은 미작성 시의 처벌

① 정규 직원 채용 시: 근로 계약서 미작성 시 500만 원 이하의 벌금이 부과됩니다. 작성한 근로 계약서를 직원에게 교부하지 않아도 같은 처벌을 받습니다.

② 계약직 직원(아르바이트 직원 포함) 채용 시: 근로 계약서 미작성 시 500만 원 이하의 과태료가 부과됩니다. 근로 계약서를 3년간 보관하지 않은 경우에도 과태료가 부과됩니다.

특별히 정해진 근로 계약서 양식이 있는 것은 아닙니다. 그러니 근로 계약서를 작성할 때에는 고용노동부 홈페이지(www.moel.go.kr)에 게시되어 있는 표준 근로 계약서를 참고하여 사업장에 필요한 부분을 추가하면 됩니다. 정규직용, 계약직용, 연소근로자용, 친권자 동의서 등 다양한 표준 근로 계약서 양식이 있으니 적절한 계약서를 다운받아 상황에 맞게 수정, 보완한 후 사용하도록 합시다.

무단결근한 직원을 해고해도 될까?

사업 n년차 사장님

무단결근한 직원을 해고해도 될까요?

마음대로 직원을 해고할 수 없도록 노동법이 많이 강화되었습니다. 이와 관련된 상담 사례를 하나 소개할까 합니다.

한 직원이 연락 없이 일주일 이상 출근하지 않아 스스로 사직한 것으로 판단하고 퇴사 처리를 한 최 사장님, 그런데 며칠 뒤에 이 직원이 출근해 무단결근을 부인했습니다. 과장에게 연차 휴가를 사용하겠다고 문자 메시지를 보냈다는 겁니다. 이 직원은 결국 '3일 이상 무단결근 시 퇴사 조치함'이라는 취업 규칙에 따라 해고되었습니다. 최 사장님은 이 해고 조치가 부당 해고가 아니라고 주장하고 있습니다만, 그렇게 간단한 일은 아닙니다.

취업 규칙에 따라 해고했더라도 문제의 소지가 발생할 수 있으므로 회사는 다음과 같은 조치를 취해야 합니다.

우선 근로자의 출근을 독려하기 위해 최소한의 노력(전화, 문자 등을 보내고 발신 내용과 내역을 보관)을 해야 합니다. 이러한 독려에도 불구하고 취업 규칙에 규정된 일수 이상 무단결근한 경우에는 '무단결근은 취업 규칙에 따라 징계 대상 또는 해고 사유에 해당하므로 ○월 ○일까지 정상적으로 출근하지 않으면 해고될 수 있다'라는 내용을 담아 내용 증명을 보내야 합니다.

이러한 절차를 무시하고 무작정 해고를 진행하여 근로자와 소송에 휘말리는 회사가 적지 않습니다. 소송 결과 부당 해고로 판결나면 회사는 근로자를 복직시켜야 합니다. 이때 소송에 소요된 기간은 근무한 것으로 간주하므로 해당 기간의 급여도 지급해야 합니다.

프리랜서 직원에게도
퇴직금을 지급해야 할까?

사업 n년차 사장님

프리랜서로 계약한 직원에게
퇴직금을 지급해야 하나요?

근로자가 1년 이상 근무하면 퇴직금을 지급해야 합니다. 그렇다면 프리랜서로 계약한 직원은 어떨까요? 우선 '프리랜서 직원도 근로자인가', 이것이 퇴직금 지급 기준이 됩니다.

최근 프리랜서 직원 퇴직금 관련 분쟁이 많이 제기됩니다. 고용노동부나 법원에서는 프리랜서로 근무한 직원의 실제 근무 사항을 파악해 근로자 여부를 판단합니다. 근로자로 판정되면 퇴직금을 지급해야 합니다. 이와 같은 퇴직금 분쟁은 주로 헤어 디자이너, 학원 강사 등의 직종에서 발생하며, 최근에는 대부분 근로자로 인정되는 추세입니다.

근로자 판단 기준은 다음과 같습니다.

🖩 근로자 판단 기준

▲업무 내용을 사업주가 정하고 있는 자, ▲취업 규칙 등 사업주가 정한 인사 규정 등의 적용을 받는 자, ▲업무 수행 과정에서 사업주가 상당한 지휘나 감독을 하는 자, ▲근무 시간과 근무 장소가 정해져 있으며 이에 대한 구속을 받는 자, ▲기본 급여나 고정급이 정해져 있는 자 등

미용실을 운영하는 최 원장님은 헤어 디자이너를 고용했습니다. 월 급여는 250만 원이고, 3.3%를 원천 징수하는 조건이었습니다. 채용된 직원은 최 원장님의 지시에 따라 3년간 오전 10시에 출근하여 8시에 퇴근하며 주 5일 근무를 했습니다. 직원은 3년 후 퇴직 의사를 밝히며 퇴직금을 요구했고 최 원장님은 거부했습니다.

곧 고용노동부에 이 사례가 접수되었습니다. 고용노동부에서는 임금이 매월 정액으로 지급되었고, 출퇴근 시간이 정해져 있으며, 다른 직원과 동일하게 근무한 점을 고려하여 이 직원을 근로자로 판단했습니다. 고용노동부의 이러한 판단에 따라 최 원장님은 직원에게 퇴직금 750만 원을 지급해야 했습니다.

위 이야기는 실제 사례를 바탕으로 했습니다. 고용 분쟁은 꽤나 흔한 일입니다. 그러니 꼭 「근로기준법」을 공부해 이러한 실수를 하지 않도록 합시다.

직원 퇴직금 준비는 어떻게 할까?

사업 n년차 사장님

영세한 사업체이다 보니 직원들 퇴직금 준비하는 것이 걱정됩니다.
좋은 방법 없을까요?

1년 이상 근무한 직원이 퇴직할 때 주는 퇴직금은 미리 준비해 두는 것이 좋습니다. 과거에는 회사가 자체적으로 보유한 돈에서 퇴직금을 지급했습니다. 그러나 IMF 외환 위기 때 기업 부도로 인해 퇴직금을 지급받지 못한 이들이 많아 퇴직금 중간 정산이 유행하게 되었습니다. 퇴직금을 아예 못 받을지도 모른다는 불안감이 형성되었기 때문이죠.

그러나 퇴직금 중간 정산 제도에는 문제가 있었습니다. 은퇴 후 써야 할 퇴직금을 중간에 정산받으니 노후 자금 보존이 어려워진 것입니다. 때문에 국가는 특별한 사유 없이 퇴직금을 중간 정산하지 못하도록 「근로자퇴직급여 보장법」을 제정하여 퇴직 연금 제도를 만들었습니다.

법에 따라 2012년 7월 26일 이후 설립된 사업장은 퇴직 연금 제도를 운영해야 합니다. 퇴직금 지급 재원을 금융 기관에 보관해 회사가 지급하지 못할 경우를 대비하고, 근로자가 중간 정산으로 미리 사용하는 것을 방지하기 위해서입니다.

퇴직 연금에는 확정급여형(DB형)과 확정기여형(DC형)이 있습니다.

근로자 입장에서 확정급여형은 과거에 운영했던 일시납 퇴직금과 큰 차이가 없습니다. 회사는 한 해 적립해야 하는 퇴직금의 60% 이상을 퇴직 연금 운용 기관(은행, 증권, 보험사 등)에 맡겨야 합니다. 퇴직 연금 운용 주체는 회사이고 퇴직 연금 투자 성과도 회사가 갖습니다. 확정급여형 퇴직 연금에 가입된 근로자는 퇴직금의 일부가 금융 기관에 보관되므로 퇴직금 관리에 신경 쓸 필요가 없습니다. 임금이 매년 꼬박꼬박 오른다면 확정급여형이 유리합니다.

확정기여형은 매년 퇴직금을 중간 정산하는 것과 유사합니다. 회사는 1년마다 근로자의 퇴직금을 산정해 근로자의 퇴직 연금 통장으로 지급합니다. 원칙적으로 1년 단위로 정산된 퇴직금의 100%를 금융 기관에 불입해야 합니다. 확정기여형의 퇴직금 운용 주체는 근로자입니다. 때문에 이렇게 모인 퇴직금을 잘 운용한다면 확정급여형으로 정해진 돈만 받는 것보다 나을 수도 있습니다. 임금 인상이 거의 없는 근로자에게는 확정기여형이 유리할 수 있습니다.

현재 급여가 300만 원이고, 매년 100만 원씩 급여가 인상된다고 가정해 3년 치 퇴직금을 계산해 봅시다.

📟 확정급여형 선택 시 퇴직금

500만 원(최종 퇴직 시 급여)×3년(근속연수)=1,500만 원

📟 확정기여형 선택 시 퇴직금

매년 한 달 치 급여를 더한 금액=

300만 원+400만 원+500만 원

=1,200만 원

위를 보아 알 수 있듯이 퇴직금은 퇴직 직전 90일의 평균 임금으로 산정되기 때문에 급여 상승률이 높다면 회사 입장에선 확정기여형을 선택하는 것이 유리합니다.

어떤 방법이든 퇴직금을 매년 적립하여 직원 퇴직 시 자금 압박을 받지 않도록 준비하는 자세가 필요합니다.

상시 근로자 수가 중요하다

사업 n년차 사장님

현재 직원 4명과 함께 일하는데
일손이 부족해 1명을 더 뽑으려고 합니다.
근로자 수가 4인인 사업장과 5인인 사업장의
인건비 지출이 크게 다른가요?

상시 근로자 수 5인 이상 사업장이 되면 연장, 야간, 휴일 근무 시 기존 근무 수당에 50%의 가산 수당을 추가로 지급해야 합니다. 더불어 연차 휴가도 부여받아 대부분의 「근로기준법」을 적용하게 됩니다.

상시 근로자 수가 4인 사업장에서 직원 1명을 추가 채용하면 상시 근로자 수 5인 이상 사업장이 됩니다. 이런 경우 단순히 추가되는 직원의 급여와 그로 인한 4대 보험료 증가 정도만 생각하고 직원을 충원하면 안 됩니다. 만약 한 명을 추가해 상시 근로자 수 5인 이상 사업장이 되면 인건비가 얼마나 늘어나는지 살펴보겠습니다.

🧮 상시 근로자 수 5인 미만 사업장 VS 5인 이상 사업장 가산 수당 계산

☑ 조건

시급 1만 원, 일일 소정 근로 시간 09:00~20:00,

휴게 시간 12:00~13:00, 월~금 주 5일 근무

먼저 주간 초과 근무 시간을 계산해 봅시다.

① 일일 근로 시간 = 총 근로 시간(11시간) – 휴게 시간 (1시간)=10시간

② 일일 초과 근로 시간=일일 근로 시간(10시간) – 법정 근로 시간(8시간)=2시간

③ 1주간 초과 근로 시간= 일일 초과 근로 시간(2시간)×주5일=10시간

④ 한 달간 초과 근로 시간=1주간 초과 근로 시간(10시간)×4.34주(한 달)= 약 44시간

이제 연장 근무 시 지급되는 가산 수당을 계산해 봅시다.

> 상시 근로자 수 5인 미만 사업장: 44시간×1만 원=44만 원
>
> 상시 근로자 수 5인 이상 사업장: 44시간×1만 원×1.5배=66만 원

위 계산에 따라 상시 근로자 수 5인 이상 사업장에서 44시간의 연장

근무를 하게 되면 직원 1명당 22만 원의 가산 수당을 지급해야 합니다. 기존 4인 기준과 비교했을 때보다 88만 원 더 지급하는 것입니다.

이처럼 상시 근로자 5인 미만과 5인 이상의 차이는 생각보다 큽니다. 그러므로 소규모 사업장에서는 상시 근로자 수에 신경을 써야 합니다.

화장품 도매업을 하는 최 사장님은 연말 공급량을 맞추기 위해 전 직원(7명)의 동의를 얻어 휴일인 토요일에 오전 10시부터 오후 6시(식사 시간은 1시간이라고 가정)까지 근무하기로 결정했습니다. 시급을 1만 원이라고 가정할 때 이날 직원의 일급은 얼마일까요?

이 업체는 토요일을 휴일로 정하고 있으므로 토요일 근무는 휴일 근무에 해당됩니다. 총 근무 시간은 식사 시간(1시간)을 제외한 7시간이며 상시 근로자 5인 이상 사업장이므로 휴일 근무에 대한 가산 수당을 지급해야 합니다.

🖩 「근로기준법」 제56조(연장·야간 및 휴일 근로)

(전략)

② 제1항에도 불구하고 사용자는 휴일 근로에 대하여는 다음 각 호의 기준에 따른 금액 이상을 가산하여 근로자에게 지급하여야 한다. <신설 2018. 3. 20>
1. 8시간 이내의 휴일 근로: 통상 임금의 100분의 50
2. 8시간을 초과한 휴일 근로: 통상 임금의 100분의 100

(후략)

위의 규정에 따라 휴일 근무와 연장 근무가 중복되더라도 8시간 이내의 휴일 근무에 대해서는 가산 수당을 50%만 지급하면 됩니다. 그러나 휴일 근무 시간이 8시간을 초과한 경우에는 초과한 시간만큼 가산 수당을 100% 지급해야 합니다.

따라서 이 업체의 휴일 근무 수당은 아래와 같습니다.

휴일 근무 수당 = 7시간 × 1만 원 × 150% = 10만 5,000원

사업 n년차 사장님

주방 직원의 출근 시간은 10시인데
늘 자발적으로 30분씩 먼저 나와 일했습니다.
그런데 직원이 일을 그만두면서 매일 30분 일찍 나왔으니
해당 시간만큼 급여를 더 달라고 요구했습니다.
추가 임금을 지급해야 하나요?

의무적으로 일해야 하는 시간에서 휴식 시간을 제외한 것을 '근무 시간'이라고 합니다. 사업주는 반드시 직원의 근무 시간만큼 임금을 지급해야 합니다. 그런데 위 질문처럼 직원이 자발적으로 일찍 출근한 것도 근무 시간으로 볼 수 있을까요?

출근 시간이 정해졌음에도 '사장의 지시'로 일찍 출근한 것이라면 근무 시간으로 볼 수 있으나, '자발적으로' 일찍 나온 거라면 근무 시간으로 보기 어렵습니다. 그러므로 추가 임금을 지급할 의무가 없습니다.

이런 경우에는 직원에게 '자발적으로 조기 출근하더라도 정식 근무 시간이 아니기에 추가 임금이 지급되지 않는다. 그러니 이렇게까지 일찍 나올 필요는 없다'고 분명히 말해둘 필요가 있습니다.

또 이런 질문도 종종 받습니다. 장사가 잘 안 되어 실질적으로 매장이 바쁘게 움직이는 시간은 서너 시간에 불과하고, 이 시간동안 직원들은 휴대폰이나 만지는데 손님이 없는 시간도 근로 시간으로 봐야 하냐는 것입니다.

손님 없이 대기하는 시간을 '대기 시간'이라고 합니다. 2012년 「근로기준법」에 '제1항 및 제2항에 따라 근로 시간을 산정하는 경우 작업을 위하여 근로자가 사용자의 지휘·감독 아래에 있는 대기 시간 등은 근로 시간으로 본다'는 규정이 신설되었습니다.

사장님의 마음이 이해는 되지만 법 규정에 따라 손님이 없는 대기 시간도 근로 시간으로 인정되므로 임금을 지급해야 합니다.

업무에 필요한 교육을 받는 시간 역시 원칙적으로 근무 시간에 해당됩니다. 사업주의 지시로 업무 관련 교육을 받는 시간은 근무 시간이며, 출근 전이나 퇴근 후 교육이 진행된다면 이 시간도 근무 시간으로 처리해야 합니다. 그러나 직원 개인의 판단으로 업무 능력 향상을 위해 교육받는 시간은 근무 시간에 해당하지 않습니다.

만약 하루 5시간을 일하는 아르바이트 직원이 평소보다 2시간 더 근무했을 때에는 가산 수당을 지급해야 할까요?

이전에는 법정 근로 시간인 8시간을 초과했을 경우에만 가산 수당을 지급했습니다. 그러나 2014년 9월부터는 법이 개정되어 아르바이트 직원이 정해진 소정 근무 시간을 초과하여 근무했을 때에도 연장 근무 수당을 지급해야 합니다.

따라서 하루 5시간을 근무하기로 정해져 있는 아르바이트 직원이 사장님의 지시로 2시간을 추가로 근무하면 그 2시간에 대한 50%의 가산 수당을 추가 지급해야 합니다.

수습 직원에게도
월급을 100% 줘야 할까?

초보 사장님

새 직원을 채용하려는데
수습 기간에도 월급을 100% 다 줘야 하나요?

수습 직원을 자유롭게 해고해도 된다고 생각하는 몇몇 사업주들은 이와 관련된 분쟁을 겪곤 합니다. 수습 기간을 테스트 기간이라 생각해 이 기간 동안 일을 잘했으면 채용을 유지하고, 업무 능력이 떨어지고 기존 직원들과 맞지 않는다고 판단되면 해고하겠다는 잘못된 생각을 하고 있기 때문입니다.

수습 기간을 둔다는 것은 해당 직원을 이미 정규직으로 채용한 상태에서 그가 담당 업무와 환경에 적응할 기간을 주는 것으로 이해해야 합니다. 그러므로 수습 직원을 함부로 해고하면 부당 해고가 됩니다.

수습 기간을 업무 적응 기간이 아닌 일종의 테스트 기간으로 생각하고자 한다면 원하는 수습 기간만큼 계약직 근로 계약을 체결하는 것이 좋습니다.

앞서 말했듯 수습 직원도 입사와 동시에 근로 계약을 체결해야 합니다. 수습 기간 중에는 임금 감액(최저 임금의 90%)이 가능합니다. 하지만 근로 계약서에 수습 기간과 해당 수습 기간 중에 받는 임금을 정확히 기재하지 않으면 수습 기간 자체를 인정받지 못할 수 있습니다. 따라서 수습 기간을 둘 때는 근로 계약서에 반드시 아래와 같은 조항을 기재해야 합니다.

(전략)

수습 기간은 입사 후 3개월로 하며, 수습 기간 중의 임금은 정상 급여의 90%로 한다.

(후략)

더불어 수습 기간을 몇 개월로 정해야 하는가는 법률로 정해져 있지 않지만 통상적으로 3개월 정도 두는 경우가 많습니다. 수습 기간 종료 후 해당 직원과 협의하여 수습 기간을 연장할 수도 있습니다.

수습 기간 중 임금 감액은 근로 계약을 1년 이상 체결하는 경우에만 적용됩니다. 2018년 3월 20일부터는 단순 노무 업무의 경우 수습 기간 중에도 최저 임금의 90%를 적용하지 못하도록 「최저임금법」이 개정되었습니다. 아르바이트 직원과 같이 계약 기간이 1년 미만이며 단순 노무 업무에 종사하는 경우라면 수습 기간 중 최저 임금 90% 적용은 어려울 것으로 판단됩니다.

카페에서 아르바이트를 하던 A씨는 5일 만에 일을 그만두었습니다. 그의 고용주인 최 사장님은 A씨에게 수차례 연락했지만 도통 받질 않았습니다. 그런데 얼마 지나지 않아 고용노동부로부터 근로 계약서 미작성을 이유로 출석 요구서가 통지되었습니다. 최 사장님은 A씨에 대한 근로 계약서 미작성 사실이 인정되어 과태료를 부과받았습니다.

단순 노무 아르바이트 직원은 자주 바뀌므로 첫 출근 후 2주 이상 그만두지 않고 계속 일하는 직원만 근로 계약서를 작성하기도 합니다. 그런데 이렇게 근로관계가 느슨한 직원과 노동 분쟁이 발생하는 경우가 더 많습니다. 일당제 직원, 단기 아르바이트 직원은 정규 직원과 달리 근로 계약 유지 기간이 짧기 때문에 근무 시작일에 바로 근로 계약서를 작성해야 최 사장님과 같은 불이익이 발생하지 않습니다.

한 번 더 강조하지만, 근로 계약서는 모든 근로자와 반드시 작성해야 합니다.

B씨는 자신의 경제 사정 때문에 4대 보험 가입을 원하지 않고 배우자의 통장으로 급여를 지급받고자 합니다. 도매업을 운영하는 최 사장님은

딱한 사정을 들어주는 대신에 근로 계약서에 해당 내용을 기록하기로 합의하여 아래와 같은 내용을 기입했습니다.

> (특약) 직원이 4대 보험 가입을 원하지 않았으며, 월 급여는 배우자의 통장으로 받기로 했음. 이는 모두 직원이 원한 것이며, 법률적으로 문제가 발생할 경우 모두 직원 B씨가 책임지기로 함.

위와 같은 사례도 비일비재합니다. 사업을 하다 보면 주로 민법 및 상법상의 계약을 하게 되는데, 민법에서는 기본적으로 당사자 간에 합의한 약속의 효력을 인정해 줍니다. 때문에 근로 계약에서도 비슷하리라 착각하곤 합니다.

그러나 노동법은 사용자가 지켜야 할 최소한의 원칙을 규정한 법입니다. 때문에 당사자끼리 합의했다고 노동법이 정한 기준을 지키지 않아도 되는 것이 아닙니다. 노동법은 무조건 지켜야 하는 법입니다. 사용자와 근로자 간의 합의 사항을 근로 계약서에 특약으로 기재하더라도 법적으로 인정되지 않습니다. 따라서 위의 합의 사항은 아무런 효력이 없습니다.

직원 B씨가 4대 보험 가입 기준에 충족되는 근로자라면 무조건 가입해야 합니다. 임금도 「근로기준법」상 반드시 근로자 본인에게 지급하도록 강제되어 있기 때문에 계약 당사자끼리 합의했더라도 꼭 본인 명의 통장으로 지급해야 합니다.

다시 말하지만 근로 계약서상의 특약 사항은 무효이며, 법적인 책임은 사업주가 져야 합니다. 위 사례처럼 법을 위반하는 내용을 근로 계약서에 써넣는 것도 당연히 법적인 효력이 없을 뿐만 아니라 스스로 법을 위반하고 있음을 명시하는 행위가 된다는 것을 알고 있어야 합니다.

직원 단체 보험, 꼭 가입해야 할까?

초보 사장님

산재 보험에 가입했는데도 은행과 보험사에서는
추가로 단체 보험에 가입해야 한다고 합니다.
정말 단체 보험도 가입해야 하나요?

2018년부터 출퇴근 중 사고가 일어나도 산업 재해(이하 산재) 보상을 받을 수 있게 되었으며 산재 보험 적용도 모든 사업장으로 확대되었습니다. 그리고 산재 신청 시 사업주 확인 제도를 폐지해 근로자가 자유롭게 보상을 신청할 수 있게 되었습니다.

산업 재해란 근로 중 업무상의 사유로 근로자에게 발생한 신체적, 정신적 피해를 말하며, 안전관리 소홀, 안전 장비와 교육의 미비 등 회사의 책임이 일정 부분 존재합니다.

산업 재해로 판단되면 요양 급여, 휴업 급여, 상병 보상 연금, 장해 급여, 간병 급여, 직업 재활 급여, 유족 급여, 장의비 등의 보상이 이루어집니다. 휴업 급여는 요양으로 인해 취업하지 못할 때 지급되는 급여로 산재 근로자에게 1일당 평균 임금의 70%를 지급해야 합니다.

산업 재해가 심각해 근로자가 사망했거나 영구적 장애를 얻었을 때는 산재 보험에서 기준에 따라 장애 진단금, 유족 장례비 등을 지급합니다. 그러나 산재 보험만으로 충분한 보상이 되지 못하는 경우가 대부분입니다. 때문에 근로자의 유족은 직간접 원인을 제공한 회사를 상대로 손해 배상 청구를 하게 됩니다. 유족의 손실 측정은 산업 재해가 발생하지 않았다면 근로자는 계속 일을 해서 돈을 벌 수 있고 퇴직금도 받을 것이라는 전제로 계산됩니다.

아래의 사례를 한번 살펴볼까요?

🖩 산업 재해 보상 청구 사례

☑ 피해자 조건

남성 근로자, 나이 40세, 평균 급여 200만 원,

잔여 근로 기간 25년, 본인 과실 30%

① 민사상 손해 배상액: 유가족이 당한 경제적 손실, 일실수익 1억 7,000만 원+일실퇴직금 3,500만 원+위자료 7,000만 원 = 2억 7,500만 원

② 산재 보험공단 실지급 보상액: 유족 일시금 8,700만 원+장의비 900만 원 = 9,600만 원

③ 회사에 청구된 추가 배상액: 2억 7,500만 원-9,600만 원 = 1억 7,900만 원

물론 회사의 책임 범위를 따져 손해 배상액이 달라지기는 하지만, 청구되는 금액이 크기 때문에 회사 입장에서는 큰 부담이 됩니다. 이런 예상치못한 문제에 대비하기 위해 직원 단체 보험을 드는 것도 괜찮은 방법일 수 있습니다.

사업장의 화재 보험, 차량이 있으면 자동차 보험에도 필수적으로 가입해야 합니다. 단체 보험 가입 시에는 상해 및 사망 보장을 주 내용으로 하는 보험에 가입하기를 권합니다.

4대 보험에 가입하지 않은 아르바이트생이 다쳤을 때 임의로 산재 처리했다가 근로복지공단에서 구상권 청구를 받은 사례가 있습니다. 4대 보험 중 고용, 산재 보험은 상용 근로자, 일용 근로자에 관계없이 모든 근로자가 의무 가입 대상입니다.

회사가 따로 산재 보험에 가입시키지 않았더라도 회사에서 근무한 사실을 증명할 수 있다면 근로복지공단에서 우선 산재 보험 처리를 해줍니다. 그리고 근로자에게 지급한 금액의 50%를 회사에게 청구합니다.

4대 보험은 선택 사항이 아니라 의무 사항입니다. 소규모 사업장이라

보험료가 부담된다면 두루누리 사회보험과 같은 지원 제도를 활용하도록 합시다.

유급 휴일에 속하는 날은?

초보 사장님

흔히 말하는 '빨간 날'은
유급 휴일인가요?

근로자가 급여를 받으면서 쉬는 휴일을 유급 휴일이라고 합니다. 근로자의 유급 휴일 종류는 아래와 같습니다.

🖩 유급 휴일의 종류

① 주휴일

많은 사업장에서 일요일을 주휴일로 하며, 연간 총 주휴일은 52일입니다.

② 근로자의 날

매년 5월 1일은 근로자의 날입니다. 이날도 유급 휴일입니다. 법은 기본적으로 주휴일과 근로자의 날을 합한 53일의 유급 휴일을 보장합니다.

③ 연차 휴일

연차 휴일 규정은 상시 근로자 5인 이상 사업장에만 적용됩니다. 현재 연차 휴가 규정은 신입 사원 기준으로 한 달을 근무하면 하루의 연차가 발생합니다. 그러므로 1년 차 신입 사원은 총 11일의 연차를 사용할 수 있습니다. 신입 사원 1년 출근율이 80% 이상이면 2년 차에는 총 15일의 연차가 부여됩니다.

소위 '빨간 날'이라 불리는 공휴일은 관공서의 공휴일에 관한 규정으로, 민간 기업의 법정 공휴일은 아닙니다. 그러나 최근 「근로기준법」의 개정으로 앞으로는 민간 기업에서도 공휴일을 법정 공휴일로 부여해야 합니다. 민간 기업의 적응을 위해 상시 근로자 수에 따라 순차적으로 적용하도록 했습니다. 따라서 법에서 정한 적용 시기가 되면 공휴일 및 대체 공휴일을 법정 휴일로 부여해야 합니다. 법 적용 시기 전까지는 기존과 동일하게 공휴일을 근무일로 관리할 수 있습니다.

🖩 관공서의 공휴일

공휴일	국경일: 3.1절, 광복절, 개천절, 한글날 신정, 설 및 추석 연휴 3일, 부처님 오신 날, 어린이날, 현충일, 크리스마스
공휴일	「공직선거법」상 선거일, 기타 정부에서 수시 지정일(임시 공휴일)
대체 공휴일	설, 추석 연휴 및 어린이날, 1월 1일, 부처님오신날, 현충일, 성탄절 등이 일요일 또는 공휴일과 겹치면 다음 비공휴일을 공휴일로 정함(어린이날은 토요일이 겹치는 경우 포함)

선거일이나 임시 공휴일도 법정 공휴일에 해당하므로 유급 휴일로 부여해야 합니다. 상시 근로자 5인 미만 사업장은 기존과 동일하게 관공서의 공휴일을 반드시 휴일로 운영할 필요 없이 근무일로 운영할 수 있습니다.

식당을 운영하는 최 사장님은 급한 일로 화요일이 주휴일인 직원에게 근무를 요청했고, 직원은 화요일 대신 금요일에 휴무하기로 동의했습니다. 최 사장님은 휴일을 대체했으므로 직원에게 휴일 수당을 지급하지 않았습니다.

이처럼 상시 근로자 5인 이상 사업장에서는 휴일 근무 시 원칙적으로 휴일 근무 수당을 지급해야 하지만 다른 근무일에 대체 휴일을 부여하면 휴일 근무 수당을 지급하지 않아도 됩니다. 휴일 대체를 위해서는 최소 24시간 전에 직원의 동의를 구해야 합니다.

근로자의 날은 법정 휴일이므로 반드시 유급 휴일로 운용해야 합니다. 하지만 근로자의 날도 다른 휴일과 마찬가지로 휴일 근무 수당을 지급하면 근무일로 운용 가능합니다. 다만 근로자의 날은 다른 휴일과 달리 휴일 대체 불가능합니다. 그러므로 직원이 근로자의 날에 근무했다면 필히 가산 수당을 지급해야 합니다.

정리하면 근로자의 날에 근무하는 것은 가능하나, 휴일 대체를 적용할 수 없기 때문에 50%의 가산 수당을 추가 지급해야 합니다.

이럴 때 건강 보험료 폭탄 조심!

식당을 운영 중인 최 사장님은 최근 장사가 너무 안돼 인건비라도 아끼자는 생각에 직원 모두를 해고했습니다. 1인 자영업자가 된 것입니다. 몇 달 후 그는 건강 보험료 고지서를 보고 깜짝 놀랐습니다. 월 40만 원이던 건강 보험료가 60만 원까지 올랐기 때문입니다. 장사가 안돼서 수입이 줄었는데 건강 보험료가 오른 이유는 무엇일까요?

직원이 있을 때는 건강 보험료가 직장 가입자로 적용되지만 직원이 없을 때는 지역 가입자로 전환되기 때문입니다.

25년간 공무원으로 일하다 퇴직한 최 씨, 준비해둔 연금이 있어 노후 자금은 충분하리라 예상했는데 첫 달 예상보다 적은 금액에 놀랐습니다. 직장 가입자일 때 납부한 건강 보험료의 2배 정도가 연금에서 공제된 것입니다. 이 역시 은퇴 후 건강 보험료 유형이 지역 가입자로 전환되었기 때문입니다.

직장 가입자는 매달 받는 소득이 건강 보험료의 산정 기준이 되지만 지역 가입자는 소득, 부동산, 소유한 자동차 등의 재산을 종합하여 건강 보험료가 산정됩니다. 공시 지가 상승 또한 건강 보험료 인상 요인이 됩니다.

　지역 가입자 건강 보험료 과다 청구에 대한 지속적인 민원으로 인해 정부는 9년 이상 된 차와 생계용 영업차는 건강 보험료 산정 기준에서 배제하기로 결정했습니다. 2022년 7월부터는 차량 가격 4,000만 원 미만 자동차를 비롯해 재산 규모와 상관없이 재산이 5,000만 원 이하인 경우는 건강 보험료 산정에서 제외됩니다.

　현재의 건강 보험료 산정 기준을 따르면 최 사장님 사례처럼 1인 사업장이 됐을 때 높은 건강 보험료가 부과될 수 있습니다. 그러니 단 한 명이라도 고용하는 것이 득일 수 있습니다.

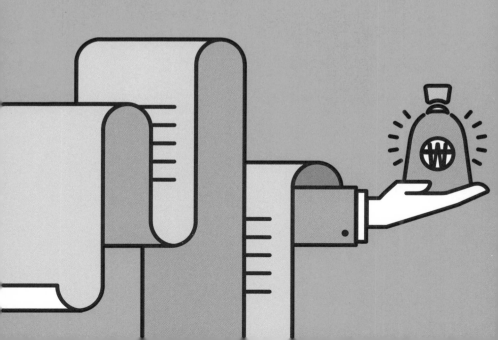

PART 05

합법적으로
절세하는 방법

간이 과세로 시작하라

예비 창업자

사업을 시작하려는데 일반 과세와
간이 과세 중 어떤 것이 더 유리한가요?

결론부터 얘기하면 간이 과세 사업자는 일반 과세 사업자에 비해 납부해야 할 부가가치세가 현저히 적거나 납부할 세액이 거의 없는 경우가 많습니다. 그러므로 간이 과세가 가능한 업종, 지역이라면 무조건 간이 과세 사업자로 시작해야 합니다.

동일한 매입, 매출이라고 가정하고 일반 과세 사업자와 간이 과세 사업자의 부가가치세를 간단히 비교해 보겠습니다.

🖩 일반 과세 사업자 VS 간이 과세 사업자 부가가치세 비교 사례1

☑ 조건

매출: 5,500만 원, 매입: 2,200만 원, 업종: 음식점

*세액 공제는 없다고 가정

① 일반 과세 사업자

매출세액=매출액(5,000만 원)×10%=500만 원

매입세액=매입액(2,000만 원)×10%=200만 원

부가가치세=매출세액-매입세액=500만 원-200만 원=300만 원

② 간이 과세 사업자

납부세액=매출(5,500만 원)×10%×15%(음식점 업종별 부가가치율, 종전에는

10%)=825,000원

매입세액 = 매입(2,200만 원)×0.5%(2022년 1월 신고 분부터 매입세액공제 방

식 변경)=11만 원

부가가치세=납부세액-매입세액=825,000원-11만 원=715,000원

간단히 계산해 보면 간이 과세 사업자와 일반 과세 사업자의 부가가치세가 얼마나 차이 나는지 알아볼 수 있습니다. 당연히 매입, 매출 금액이 크면 클수록 간이 과세 사업자가 더 유리합니다. 매입, 매출이 10배 늘어났다고 가정하여 다시 계산해 볼까요?

🧮 일반 과세 사업자 VS 간이 과세 사업자 부가가치세 비교 사례2

☑ 조건

매출: 5억 5,000만 원, 매입: 2억 2,000만 원, 업종: 음식점

① 일반 과세 사업자

매출세액=매출액(5억 원)×10%=5,000만 원

매입세액=매입액(2억 원)×10%=2,000만 원

부가가치세=매출세액-매입세액=5,000만 원-2,000만 원=3,000만 원

② 간이 과세 사업자

납부세액=매출(5억 5천만 원)×10%×15%(음식점 업종별 부가가치율, 종전에는

10%)=825만 원

매입세액=매입(2억 2천만 원)×0.5%=110만 원

부가가치세=납부세액-매입세액=825만 원-110만 원=715만 원

매입, 매출이 10배 늘어났다고 가정하고 계산해 보니 차이가 더욱 확연해집니다. 무려 2,285만 원입니다. 이렇듯 사업 초기에는 간이 과세 업자가 세제에서 더 유리하나 업종, 지역 등에 제한이 있습니다. 따라서 간이 과세 사업자 등록이 가능한 업종과 지역인지 먼저 확인하여 임대차 계약을 해야 합니다.

택스코디가 제안하는 창업 시기

예비 창업자

창업하기 좋은 시기가 있나요?

다른 것은 모두 배제하고 세무적인 관점으로만 볼 때 가장 이상적인 창업 시기는 언제일까요?

이제 우리는 이 책을 통해 간이 과세와 일반 과세를 비교하고 간이 과세에 유리한 점이 있다는 사실을 알게 되었습니다. 사업을 간이 과세로 유지할 수 있으면 좋을 텐데 불행히도 전년도 매출이 8,000만 원(종전에는 4,800만 원)을 초과했다면 다음 해 7월 1일에는 일반 과세로 자동 전환됩니다. 그렇다면 1월에 간이 과세 사업자로 창업하는 것이 가장 이상적이지 않을까요?

연 매출 8,000만 원은 곧 월 매출 약 667만 원을 말합니다. 8,000만 원이 그렇게 많은 금액은 아니기 때문에 대부분 창업한 다음 해에 바로 일반 과세 사업자로 전환되곤 합니다.

하지만 1월에 창업한다면 다음 해 6월까지 18개월 정도 간이 과세 사업자를 유지할 수 있습니다. 이 기간 동안은 간이 과세 방식으로 부가가치세를 계산하게 됩니다. 그런데 12월에 창업해 매출이 667만 원 이상이라면 단 7개월 정도만 간이 과세 사업자를 유지할 수 있습니다. 따라서 유지 기간으로 본다면 1월에 간이 과세 사업자로 사업을 시작하는 것이 유리해 보입니다.

그렇다면 이런 질문을 해볼 수도 있습니다.

"6월에 사업자를 폐지하고 신규로 사업자 등록을 하면 계속 간이 과세를 유지할 수 있는 것 아닌가요?"

물론 과거에는 이런 방법을 이용하기도 했습니다. 그러나 최근 국세청에서 이를 예의 주시하며 간이 과세 사업자 등록을 할 수 없는 경우를 세법으로 정해 놓았습니다. 간이 과세 배제 업종, 배제 지역, 배제 건물이 그것입니다.

이와 더불어 포괄 양도 양수 계약을 한 경우 전 사업주가 일반 과세 사업자라면 간이 과세 사업자로 등록할 수 없습니다. 최근 상담 중 포괄 양수도 계약을 한 것도 아닌데 간이 과세 사업자로 등록 불가하다는 내용이 있어서 세무서에 문의해 보았습니다.

다음과 같은 경우 간이 과세 사업자로 등록 가능한가요? 간이 과세 배제 기준에 해당하지 않고, 전 사업주와 포괄 양수도 계약도 하지 않았습니다. 현재 사업주는 일반 과세 사업자입니다. 전 사업주는 폐업할 것이고 새로운 대표가 신규로 사업자 등록을 할 것입니다.

택스코디

동일한 간판을 사용하고, 동일한 메뉴를 취급하나요?

세무서 공무원

우선은 그렇게 시작할 예정입니다.

택스코디

상호와 메뉴가 같은 경우에는 간이 과세 사업자로 사업자 등록하는 것은 불가능합니다. 일반 과세 사업자로 등록해야 합니다.

세무서 공무원

전 사업주가 일반 과세 사업자라는 이유만으로 신규 사업자도 일반 과세 사업자로 해야 한다는 것인가요? 관련 법규는 어디서 확인이 가능한가요?

택스코디

관련 법규가 따로 있는 것은 아니고 포괄 양수도 계약에 관한 문제입니다. 계약서 작성을 하지 않더라도 동일 상호, 동일 업종이면 포괄 양수도 계약으로 보아 간이 과세 사업자 등록은 불가합니다.

세무서 공무원

그렇다면 상호와 메뉴를 바꾸면 간이 과세 사업자로 등록 가능한가요?

택스코디

네. 문제 없습니다.

세무서 공무원

250만 원을 날린 초보 사장님

초보 사장님

간이 과세가 유리하다는 말을 듣고 간이 과세 사업자로
카페를 창업한지 6개월 된 새내기 사장입니다.
인테리어 비용과 커피머신 구입 비용이
홈택스 전자 세금 계산서에서 조회되지 않는데 어떻게 된 걸까요?

위 사장님은 인테리어 비용을 결제할 때 부가가치세 250만 원을 따로 지불하고 커피머신도 부가가치세 포함가로 현금 구입했습니다. 또한 인테리어 공사비는 6월 말에 완납했습니다.

간이 과세는 일반 과세에 비해 부가가치세 부담이 현저히 적으므로 흥정 가능한 매입처에서는 자료 없이 싸게 구입하는 것이 좋습니다. 위 사장님은 세무 상식의 부재로 간이 과세의 이점(식당인 경우 신용카드매출 세액공제만 받아도 부가가치세는 거의 발생하지 않습니다.)을 살리지 못하고 지불하지 않아도 되는 250만 원을 지불한 것입니다. 식당의 경우 신용카드 매출세액 공제만 받아도 부가가치세는 거의 발생하지 않습니다.

그리고 매입세액을 추가로 지불했으면 당연히 세금 계산서 발행 여부를 확인해야 합니다. 상대 사업자가 전자 세금 계산서를 발행했다면 홈택스에서 조회할 수 있습니다. 홈택스상에서 확인되지 않는다면 상대 사업자가 계산서를 발행하지 않은 것입니다. 막연히 기다릴 것이 아니라 인테리어를 한 회사에 확인 요청을 해야 합니다.

🖩 홈택스 부가가치세 조회 서비스 정보 제공 일정

- 매달 1일부터: 현금 영수증 매출, 매입과 화물 운전자 복지카드 매입 내역이 조회됩니다.
- 매달 12일부터: 전자(세금) 계산서 매출, 매입 내역 조회가 가능합니다.
- 매달 15일부터: 신용카드 매출, 사업용 신용카드 매입 내역이 조회됩니다.

또 다른 초보 사장님의 사례입니다. 이 사장님은 동네에서 작은 옷가게를 하고 있습니다. 의류 도매업자로부터 옷을 구입했는데 세금 계산서를 발급받지 못했습니다. 세금 계산서를 발급해 달라고 요구했는데도 계속 거절당해 부가가치세 매입세액 공제를 받지 못했습니다. 이럴 때는 어떻게 해야 할까요?

이때는 매입자 발행 세금 계산서 제도를 이용해 매입세액을 공제받을 수 있습니다. 매입자 발행 세금 계산서 제도는 상대적으로 우월한 위치에 있는 공급자가 과세 표준에 노출되지 않으려고 세금 계산서를 발급하지 않는 것을 방지하는 제도입니다.

이를 신청하려면 세금 계산서를 발급받지 못한 재화 혹은 용역의 공급 시기가 속한 과세 기간의 종료일 6개월 이내에 거래 사실 확인 신청서

(거래 사실 입증 자료 첨부)를 관할 세무서에 제출해야 합니다. 거래 사실 입증 책임은 매입자에게 있으므로 증빙 자료(대금 결제 내역, 영수증, 거래 명세표 등)를 확보해야 합니다. 또한 거래건당 공급대가(부가가치세 포함)가 10만 원 이상이어야 합니다.

절세하려면 적격 증빙이 중요하다

예비 창업자

적격 증빙이 무엇인가요?

초보 창업자들은 대부분 돈을 버는 것에만 신경 쓰고, 벌기 위해 지출한 돈의 증빙 자료를 챙기는 것에는 관심이 없습니다. 아르바이트 직원을 고용하여 인건비를 지출하고도 직원 등록을 하지 않아 비용을 인정받지 못하고, 권리금을 수천만 원 지불했음에도 비용을 처리할 수 있다는 사실을 모릅니다. 이렇게 증빙되지 않은 비용은 고스란히 세금으로 돌아옵니다. 이 책을 읽으면서 아차 싶은 사장님들이 있으리라 생각됩니다.

부득이하게 일반 과세로 사업자 등록을 했으면 특히 증빙 관리에 신경 써야 합니다.

🖩 증빙의 종류

① 적격 증빙(법정 지출 증빙): 세법에서 법적으로 인정하겠다고 규정한 증빙으로 각종 세법 관련 신고 시 반드시 필요한 증빙입니다. 종류에는 세금 계산서, 계산서, 신용카드 매출 전표, 현금 영수증 등이 있습니다.

② 소명용 증빙(사적 지출 증빙): 거래 사실을 증명하는 증빙으로 규정되지는 않았으나 문제 발생 시 거래 사실을 소명하는 자료로써의 효력은 있습니다. 종류에는 거래명세서, 입금확인증, 지출결의서, 품의서 등이 있습니다.

세금 계산서, 신용카드 영수증, 현금 영수증 등의 적격 증빙을 받아놓으면 부가가치세 매입세액 공제를 받을 수 있고, 종합 소득세 필요 경비 처리도 가능합니다. 부득이한 사정이 있어 적격 증빙을 수취하지 못했다면 소명용 증빙이라도 꼭 챙겨놓아야 이후 종합 소득세 필요 경비를 처리할 수 있습니다. 다만 소명용 증빙으로 경비를 처리하면 증빙 불비 가산세(처리하는 금액의 2%)가 부과됩니다.

만약 건물주가 간이 과세 사업자라 세금 계산서를 발급받을 수 없다면 어떻게 해야 할까요? 우선 부가가치세 매입세액 공제는 불가능합니다. 이때 종합 소득세 필요 경비를 처리하기 위해서는 임대차 계약서와 건물주 명의의 계좌 이체 내역이 필요합니다.

아르바이트 직원을 고용하고 원천세 신고를 하지 않았을 경우에는 근로 계약서, 입금 내역 등을 제출하면 경비를 처리할 수 있습니다.

권리금을 지급하고 세금 계산서를 발급받지 않았을 때에는 인수 약정서(포괄 양도 계약서), 입금 내역 등이 있으면 5년간 감가상각으로 비용 처리할 수 있습니다.

인테리어를 하고 세금 계산서를 받지 못했을 때에는 견적서, 입금 내역 등으로 감가상각하여 비용 처리할 수 있습니다.

사업장은 여러 곳이지만
세금은 한 곳에서 내는 법

초보 사장님

사업장이 여러 곳인데 사업장별로
각각 세금을 신고해야 하나요?

두 개 이상의 사업장을 운영 중인데 한 사업장에서는 납부세액이 발생하고, 다른 사업장에서는 환급세액이 발생했다고 가정해 봅시다. 이때 사업장별로 과세하려면 절차상 납부를 먼저 마치고 환급은 추후에 받아야 합니다. 이로 인해 자금상의 부담을 받게 되는 불편하고 불합리한 경우가 생길 수 있습니다. 이런 경우에는 사업자의 납세 편의를 위해 주된 사업장에서 총괄하여 납부 또는 환급받을 수 있도록 주사업장 총괄 납부 제도를 이용하는 것이 좋습니다.

주사업장 총괄 납부 제도는 납부세액 또는 환급세액을 주된 사업장에서 합계 또는 차감하여 납부하거나 환급받는 것입니다. 과세 기간 개시 20일 전에 주사업장 총괄 납부 신청서를 관할 세무서에 제출하면 됩니다.

신규 사업장을 주사업장으로 지정하는 경우라면 신규 사업자 등록증을 발급받은 날로부터 20일 이내에 신청서를 관할 세무서에 제출해야 합니다.

주사업장 총괄 납부를 포기하고 각 사업장별로 납부하고자 할 때는 과세 기간 개시 20일 전에 주사업장 관할 세무서에 주사업장 총괄 납부 포기 신청서를 제출해야 합니다. 물론 홈택스에서도 신청할 수 있습니다.

납부와 세금 신고를 한 번에 할 수 있는 방법도 있습니다. 두 개 이상의 사업장을 운영하는 사업자가 사업자 단위 과세 사업자로 등록할 때에는 각 사업장을 대신하여 본점 또는 주사업장 소재지에서 총괄하여 신고·납부할 수 있습니다.

이 방법이 주사업장 총괄 납부와 다른 점은 주사업장에서 납부뿐만 아니라 신고 및 세금 계산서 발행까지 해결할 수 있다는 점입니다. 기존 사업장 단위로 등록한 사업자가 사업자 단위 과세 사업자로 변경하려면 적용받으려는 과세 기간 개시 20일 전까지 사업자 단위 과세 등록 신청서를 주사업장 관할 세무서에 제출해야 합니다.

신규 사업장을 주사업장으로 등록할 수도 있습니다. 이러한 경우도 마찬가지로 사업 개시일로부터 20일 이내에 관할 세무서에 신청서를 제출해야 합니다.

사업자라면 차종이 중요하다

예비 창업주

창업 전에 차를 사려고 하는데
혹시 차종도 세금에 영향을 끼치나요?

승용차(개별 소비세가 부과되는 차량)를 구입하면 개별 소비세, 교육세, 부가가치세가 차량 구입 금액에 포함됩니다. 배기량이 2,000cc를 초과하는 승용차의 공장도 가격이 2,000만 원이라고 가정하여 세금을 계산해 볼까요?

▦ 배기량 2,000cc 이상 승용차 소유 시 세금 계산

- 개별 소비세: 2,000만 원×10%=200만 원
- *승용차의 개별 소비세율은 2,000cc를 초과할 때 10%, 그 이하는 5%
- 교육세(개별 소비세의 30%): 200만 원×30%=60만 원
- 부가가치세: (공장도 가격 2,000만 원+개별 소비세 200만 원+교육세 60만 원)× 10%=226만원
- 소비자 가격: 공장도 가격 2,000만 원+ 개별 소비세 200만 원+교육세 60만 원 +부가가치세 226만 원=2,486만 원

> • 취득세: 부가가치세를 제외한 금액의 7%=(2,486만 원-226만 원)×7%=158만 2,000원
> • 2,000만 원짜리 승용차 취득 시 총 세금:
> 개별 소비세+교육세+부가가치세+취득세=644만 2,000원

같은 금액의 사업용 자동차(개별 소비세가 부과되지 않는 차량)를 구입했다면 개별 소비세와 교육세는 없고 부가가치세는 매입세액 공제 가능하기 때문에 결과적으로 취득세만 납부하면 됩니다. 동일한 조건이라고 가정하고 사업용 자동차를 구입한다면 486만 원을 절약할 수 있습니다.

이뿐만 아닙니다. 사업용 자동차는 통행료, 주차비, 유류비, 수리비, 자동차세, 보험료 등이 사업자 경비로 인정됩니다.

그렇다면 개별 소비세가 부과되지 않는 차량에는 어떤 것이 있을까요?

개인 사업자가 경차, 9인승 이상의 승합차, 화물차 등을 사업 관련 목적으로 구매하거나 임차했을 때 자동차 수리비, 기름값 등을 지출하면서 부담하는 매입 부가가치세액을 공제받을 수 있습니다.

단, 위에 해당하는 차종이더라도 구매한 후 개인적으로 사용하거나 가족의 편의를 위해 가정에서 주로 사용한다면 공제받았던 매입 부가가치세를 추징당할 수 있습니다. 그래서 업무용 차량의 비용 인정 기준(자동차보험, 유류비, 렌트비 등)을 마련해 두었습니다. 기준에 따라 차량 관련

비용이 연간 1,500만 원(종전 1,000만 원) 이하일 때는 운행 기록을 작성하지 않아도 전액 비용으로 인정받을 수 있습니다.

장부 작성은 절세의 기본

초보 사장님

장부를 작성하지 않으면 불이익을 받나요?

장부를 작성하면 다음과 같은 혜택을 받을 수 있습니다.

세무 회계의 관점에서는 사업자가 기록한 실제 소득에 따라 소득세 적자(결손)가 발생한 경우 그 금액을 15년간(종전에는 10년) 소득 금액에서 공제할 수 있습니다. 부동산 임대 사업 소득에서 발생한 이월 결손금은 해당 부동산 임대 사업 소득에서만 공제할 수 있습니다. 또한 감가상각비, 대손충당금, 퇴직급여충당금 등을 필요 경비로 인정받을 수 있습니다.

또한 장부를 작성하면 그렇지 않은 경우보다 소득세 부담이 줄어듭니다. 무기장 가산세가 적용되지 않기 때문입니다. 간편 장부 대상자가 복식부기로 기장·신고한 경우에는 기장세액 공제가 가능합니다.

관리 회계의 관점에서는 장부 작성을 해야만 사업장의 정확한 손익계산 매출액을 계산할 수 있습니다. 더불어 판매 상품의 가격 변화에 따라 한계 이익 변화 추이 시뮬레이션을 통해서 이익을 낼 수 있는 상황을 정확하게 예측할 수 있습니다.

장부를 작성하지 않았을 때의 불이익은 다음와 같습니다. 세무 회계의 관점에서는 적자(결손)가 발생했을 경우에도 내역을 인정받지 못해 공제 역시 받을 수 없습니다. 또한 무기장 가산세 20%를 추가로 부담해야 합니다.

장부를 작성하지 않고 상품을 할인 판매했다면 관리 회계의 관점상 예상되는 매출을 정확히 계산하고 파악한 뒤 판매한 것이 아니기 때문에 매출이 늘어남에도 적자가 발생하는 결과를 초래할 수 있습니다.

택스코디가 알려주는 극강의 절세 비법

이 원고를 쓰고 있는 지금은 7월입니다. 부가가치세 신고 기간이 얼마 남지 않았네요. 매년 이맘때쯤이면 자영업자 인터넷 커뮤니티에는 다음과 같은 게시글이 올라옵니다.

'부가가치세 폭탄 맞았어요', '세무사를 바꿔야 하나요?'

앞서 말했듯 부가가치세는 번 돈(매출세액)에서 벌기 위해 쓴 돈(매입세액)을 빼는 공식으로 계산됩니다. 부가가치세가 많이 나왔다면 번 돈에 비해 벌기 위해 쓴 돈이 매우 적거나, 혹은 벌기 위해 돈을 썼지만 적격 증빙을 수취하지 못하여 매입세액 공제를 받을 수 없었기 때문입니다.

세무 대리인의 계산법은 다를까요? 그들의 계산법도 동일합니다. 아직도 많은 사장님들이 세무사를 써야만 절세할 수 있다고 생각하는데 절세는 적격 증빙만 잘 수취해도 저절로 이루어집니다. 적격 증빙이 무엇인지도 모르고 관심도 없는데 세무사가 알아서 절세해 줄까요? 아닙니다. 그러니 지금부터라도 적격 증빙에 관심을 가져야 합니다. 그래야만 다음번에는 부가가치세 폭탄을 피할 수 있습니다.

몇 가지 절세 팁을 드리자면, 사업용 카드(홈택스에 등록한 사업자 명의의 카드)는 하나만 쓰는 것을 권장합니다. 등록한 하나의 카드를 사업용 지출에만 사용해야 부가가치세를 신고할 때 편합니다.

직접 해보면 알겠지만 부가가치세를 신고할 때는 홈택스에 등록된 카드의 공제, 불공제를 확인하는 과정이 꼭 필요합니다. 홈택스가 모든 것을 자동으로 처리해주는 것은 아니기 때문입니다. 만약 여러 개의 카드를 등록해 사용할 뿐만 아니라 사업용 지출과 개인용 지출이 뒤죽박죽 섞여 있다면 공제, 불공제를 확인하는 일이 배로 번거로워집니다. 과연 세무 대리인이 이렇게 번거로운 작업까지 꼼꼼히 대행해 줄까요? 그렇다면 참 좋을텐데요.

공과금은 사업자 명의로 전환해야 합니다. 그러면 자동으로 전자 세금 계산서가 발행되기 때문에 홈택스 신고 시 불러오기를 활용할 수 있어 편리합니다.

음식점을 하고 있다면 식자재를 구입할 때 홈택스에 등록한 신용카드를 쓰는 것을 추천합니다. 신고 시 홈택스에서 식자재 공제 여부를 확인해 보면 거의 불공제 처리된 것을 확인할 수 있습니다. 식자재는 면세이기 때문입니다. 면세 식자재 구입에 쓴 비용은 의제 매입세액 공제를 받으면 됩니다.

번 돈에서 벌기 위해 쓴 돈을 빼면 이익이 됩니다. 이익이 발생하면 당연히 세금을 내야합니다. 세무 대리인을 바꿔야 절세가 되는 것이 아니라 벌기 위해 쓴 돈에 관심을 가져 적격 증빙을 수취해야만 절세할 수 있습니다.

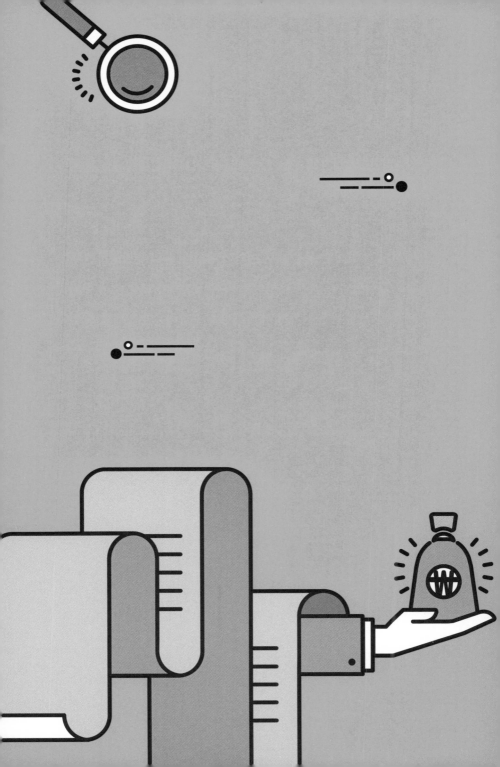

PART 06

혼자 해보는
사업자 등록

사업 시작 전에
사업자 등록을 할 수 있을까?

초보 사장님

사업 시작 전에 미리 자재를 구입했습니다.
이 금액도 공제받을 수 있을까요?

사업을 개시할 것이 객관적으로 확인되는 경우 사업 시작 전에 사업자 등록증을 발급받을 수 있습니다. 그리고 공급 시기가 속하는 과세 기간 내에 상품이나 시설 자재 등을 구입하고 구입자의 주민등록번호를 적은 세금 계산서를 발급받은 경우와 공급 시기가 속한 과세 기간이 지난 후 20일 내에 사업자 등록을 신청한 경우에도 부가가치세 매입세액 공제를 받을 수 있습니다.

예를 들어 5월 20일에 가게 비품을 구입했는데 당시에 사업자 등록을 하지 않은 상태였다면 1기 과세 기간이 종료되는 6월 30일로부터 20일 이내, 즉 7월 20일까지 사업자 등록을 마친다면 1기 과세 기간에 속하는 매입세액을 공제받을 수 있습니다.

사업자 등록 전에 명의자 신용카드로 매입한 것 역시 사업에 관련된 것임이 확인된다면 부가가치세 매입세액 공제를 받을 수 있습니다.

모든 사업자는 사업을 시작할 때 반드시 사업자 등록을 해야 합니다. 만약 사업을 여러 개 운영한다면 사업장마다 등록해야 합니다. 사업을 시작한 날로부터 20일 이내에 구비 서류를 갖추어 사업장 주소지 관할 세무서 민원봉사실에 신청하면 됩니다. 홈택스에서 신청할 수도 있습니다.

구비 서류는 다음과 같습니다.

▲사업자 등록 신청서 1부 ▲사업 허가증, 등록증 또는 신고필증 사본 1부(허가를 받거나 등록 또는 신고를 해야 하는 사업의 경우) ▲(사업 개시 전에 등록하고자 하는 경우)사업 허가 신청서 사본이나 사업 계획서 ▲임대차 계약서 사본 1부(확정 일자를 신청할 경우에는 임대차 계약서 원본) ▲(2인 이상 공동으로 사업을 하는 경우)공동 사업 사실을 증명할 수 있는 서류 ▲도면 1부(「상가건물 임대차보호법」이 적용되는 건물의 일부를 임차한 경우)

2인 이상의 사업자가 공동 사업을 할 때는 그중 한 사람을 대표자로 설정해야 합니다. 그리고 공동으로 운영하는 사업임을 증명하는 동업 계약서를 제출해야 합니다.

공동 사업자가 간이 과세를 적용받으려면 간이 과세 적용 신고를 해야 합니다. 이는 따로 신고하는 것이 아니라 사업자 등록 신청서의 해당 란에 표시하면 됩니다.

사업자 등록은 신청 즉시 발급 가능합니다. 단 사전 확인이 필요한 사업자의 경우 현장 확인과 같은 절차를 거친 후 발급될 수도 있습니다.

　요즘 인스타그램이나 개인 블로그를 이용해 물건을 파는 사람들이 많은데요. 이들 중에는 사업자 등록을 하지 않고 물건을 판매하다가 주변의 탈세 제보로 세무 조사를 받게 되는 경우가 더러 있습니다. 사업자 미등록 가산세는 사업 개시일부터 사업자 등록 직전일까지 발생한 공급가액 합계의 1%만큼 부과됩니다. 그리고 미등록 기간 동안 발생한 부가가치세, 종합 소득세 등을 신고해야 하며, 당연히 납부 불성실 가산세, 신고 불성실 가산세 또한 부과됩니다.

　또한 사업자 등록을 하지 않으면 세금 계산서를 발급 받을 수 없으므로 상품 구입 시 부담한 부가가치세에 대한 매입세액 공제를 받을 수도 없습니다.

　전자 상거래가 일반화되면서 부업으로 판매업을 하고자 하는 사람들이 점점 늘어나고 있습니다. 오픈마켓, 블로그 등을 통해 작은 규모로 시작하는 경우가 제법 많습니다. 수입도 얼마 되지 않고, 잠깐 하다 그만둘지도 모르는데 사업자 등록을 꼭 해야 할까요?

　일회성으로 물건을 판매하는 경우에는 꼭 사업자 등록을 하지 않아도 됩니다. 예를 들어 내가 쓰던 노트북을 중고 사이트에 판매한다고 사업자 등록을 해야 하는 것은 아닙니다.

하지만 온라인 쇼핑몰을 운영한다면 일회성이 아니라 계속해서 물건을 판매한다는 것을 의미함으로 사업자 등록을 해야 합니다. 폐기된 규정이지만 과거엔 6개월간 거래 횟수가 10회 이상이거나 거래 규모가 600만 원 이상인 경우에는 반복적 판매 행위로 보아 사업자 등록 대상으로 분류했습니다. 사업자 등록을 해야 할지 고민된다면 이를 바탕으로 판단해도 무방합니다.

통신판매업은 6개월 내의 거래 횟수가 20회 미만이거나 거래 규모가 1,200만 원 미만인 경우 신고 의무가 면제됩니다.

유튜버도 사업자 등록을 해야 할까?

유튜버 지망생

유튜브 채널을 개설해 활동하고자 합니다.
유튜버들도 사업자 등록을 해야 하나요?

유튜버의 수입은 업로드한 콘텐츠를 재생할 때 함께 재생되는 광고의 수익률 일부를 받아 발생합니다. 이렇게 발생한 수입은 유튜브 측에서 유튜버의 은행 계좌로 직접 송금하므로 국세청에서 소득을 파악하기 어려운 것이 사실입니다.

최근 국세청에서는 고소득 유튜버들을 대상으로 철저한 신고 검증을 진행하고 있으며, 세금 탈루 혐의가 있으면 세무 조사를 진행한다고 밝혔습니다. 참고로 1년에 외화 1만 달러 이상을 입금받았을 경우 그에 대한 자료가 자동으로 국세청에 넘어갑니다.

유튜브 활동을 시작할 때는 집에서 콘텐츠를 제작하는 경우가 많고 채널을 개설하자마자 바로 어마어마한 수익이 발생하는 것이 아니므로 수익이 발생하면 그때 집 주소로 사업자 등록을 해도 무방합니다.

유튜버는 광고 수입에 대해 영세율이 적용되므로 일반 과세 사업자로 사업자 등록을 하는 것이 유리합니다. 1장에서도 얘기했듯이 영세율 적용 사업자는 부가가치세 신고 시 매입세액 공제가 가능하기 때문입니다.

학원 사업자 등록 절차가 궁금해요

예비 창업자

학원을 창업하려고 하는데
일반적인 창업과 다른 점이 있나요?

학원은 교육청에서 등록 과정을 거치며 대부분의 내용이 확인되기 때문에 특별한 경우를 제외하곤 다소 간단하게 사업자 등록 절차가 진행됩니다. 사업자 등록은 개원일로부터 20일 이내에 해야 합니다. 기한 내에 하지 않으면 미등록 가산세가 부과됩니다.

홈택스에서 사업자 등록을 할 수도 있지만 아주 바쁘지 않다면 세무서를 방문하는 것을 권장합니다. 본인 명의의 건물에서 영업하는 것이 아니라 운영 장소를 임대한 경우에는 확정 일자를 받아놓아야 하기 때문입니다. 세무서에 방문할 때는 신분증, 임대차 계약서 원본, 학원 등록증을 지참해야 합니다. 본인이 직접 방문하기 곤란한 경우에는 위임받은 대리인이 신청할 수도 있습니다.

사업자 등록 신청서는 관할 세무서 민원봉사실에 구비되어 있습니다. 인적 사항에는 상호, 학원장 성명, 주민등록번호, 주소 등 기본적인 사항을 기재합니다. 사업장 현황란에는 아래의 사항을 반드시 기록해야 합니다.

▦ 사업자 현황란 필수 기재 사항

- 업종: 업태는 교육서비스업으로 하고 주종목은 보습 학원, 입시 학원, 외국어 학원 등으로 기재하면 됩니다.
- 개업일: 실제 학원 개원일을 적으면 되고 종업원 수는 강사 수를 기재하는데, 아직 채용 전이라면 0으로 적으면 됩니다.
- 사업장 구분: 자가 건물인 경우에는 자가란에, 임차한 경우에는 타가란에 면적을 적습니다. 임차의 경우에는 임대인의 인적 사항을 기재해야 하고 임대 내역도 기재해야 합니다.
- 학원은 등록 사업이므로 학원 등록증을 교부받았으면 등록에 표시한 후 사본을 함께 제출해야 합니다.
- 사업 자금 내역: 자기 자금과 타인 자금을 구분해서 기재합니다. 자기 자금을 기재할 때는 소득 신고 내역을 검토해 봐야하고, 타인 자금을 기재할 때는 증여와 같은 문제를 검토해 봐야 합니다. 추후 자금 출처 소명이 들어올 수 있기 때문입니다.
- 연간 공급 대상 예상액: 월평균 수강료 수입을 예상한 후 이를 1년으로 환산한 금액을 기재합니다. 말 그대로 예상액이므로 많이 적을 필요는 없습니다.
- 공동 사업자인 경우에는 공동 사업 계약서를 지참한 후 공동 사업자 여부를 표시하고, 그 외 사항은 신경 쓰지 않아도 됩니다.

음식점 사업자 등록 절차가 궁금해요

예비 창업자

퇴직금으로 치킨집 창업을 준비했습니다.
시설 공사도 마무리 단계에 있습니다.
음식점 사업자 등록 절차는 어떻게 되나요?

음식점의 경우 보건증, 위생 교육 수료증, 수질 검사 성적서, 도시가스 공급서 등 각 구청마다 필요로 하는 서류가 다르고 종류도 다양합니다. 때문에 세무서 방문 전 관할 시군구청 세무과에서 필수 서류를 먼저 확인해야 합니다. 또한 임대차 계약서 사본이 필요합니다. 당연히 사업자 본인 명의로 계약되어 있어야 합니다.

서류가 구비되었다면 관할 세무서에서 사업자 등록 신청을 하면 됩니다. 본인이 직접 사업자 등록을 신청할 시에는 신분증과 도장을 준비해야 합니다. 마찬가지로 대리인이 발급하는 것도 가능합니다.

통상적으로 사업자 등록 신청 접수 후 이상 없음이 확인되면 사업자 등록증이 발부됩니다. 시간을 절약하는 팁을 하나 드리겠습니다. 사업장 관할 세무서에서 사업자 등록증을 접수한 후 사정이 급하다고 부탁하면 담당 조사관 재량으로 당일에 사업자 등록증을 발급해 주기도 합니다. 하지만 담당 조사관의 재량일 뿐이니 이를 믿고 늦장을 부리지 않도록 합시다.

미용실, 뷰티샵 사업자 등록 절차가 궁금해요

예비 창업자

미용실을 창업하려고 합니다.
사업자 등록을 할 때 특별히 필요한 것이 있을까요?

아래의 내용은 네일샵, 에스테틱 등의 뷰티샵 창업에도 동일하게 적용됩니다.

미용실, 뷰티샵 사업자 등록 절차

① 미용사 면허증

미용사 면허증은 관할 시청 혹은 구청의 위생정책과 또는 위생관리과에 신청합니다.

미용에 관련한 영업을 하기 위해서는 「공중위생관리법」에 의거해 면허증이 필요합니다(미용 관련 고등학교 졸업자, 미용 관련 2년제 대학 졸업자, 4년제 미용 관련학과 졸업자, 미용사 자격증을 취득한 자). 미용사 면허증이 있으면 미용 영업과 피부 영업 모두 운영 가능합니다.

*미용사 면허증 신청 시 제출 서류: 관련 학과 졸업 증명서 또는 미용사 국가 자격증, 신분증, 반명

함판 사진 2장, 건강 진단서, 본적지 주소

② 미용업 영업 신고

미용업 영업 신고는 영업장 소재지 관할 보건소에서 합니다.

*영업 신고 시 구비 서류: 임대차 계약서, 위생 교육필증, 시설 및 설비 개요서, 신분증, 면허증 원본

③ 사업자 등록 신청

사업자 등록 신청은 타업종과 마찬가지로 관할 세무서에서 처리합니다.

*사업자 등록 신청 시 구비 서류: 사업자 등록 신청서, 임대차 계약서, 영업 신고필증

인터넷 쇼핑몰 사업자 등록 절차가 궁금해요

예비 창업자

인터넷 쇼핑몰 사업을 계획하고 있습니다.
쇼핑몰 운영 시 경비 처리되는 것에는 무엇이 있나요?

쇼핑몰 사업을 계획한다면 아래의 내용 정도는 기본으로 숙지해야 합니다.

중간 판매자(○마켓, ○○번가 등)를 통해서 물건을 판매할 경우, 발생한 매출에서 수수료를 차감한 금액이 판매자의 통장으로 입금됩니다. 수수료에 대해서는 중간 판매자가 따로 매입 세금 계산서를 발행합니다. 따라서 수수료를 차감하기 전 금액이 매출이고, 수수료 비용은 매입입니다. 사이트의 관리자 페이지에 접속하면 부가가치세 신고와 관련된 메뉴가 따로 있습니다. 여기서 매입, 매출을 조회할 수 있습니다.

또한 쇼핑몰 사업자는 사무실 임차료, 인건비, 모델료, 광고비, 판매 수수료, 운송비 등을 경비 처리할 수 있으니 놓치지 말고 증빙하도록 합시다.

예비 창업자

즉석판매제조가공업 영업 허가 및
사업자 등록 절차는 어떻게 진행되나요?

먼저 식품제조가공업과 즉석판매제조가공업은 다른 업종입니다. 식품제조가공업은 농·축·수·임산물을 원료로 하여 식품첨가물이나 다른 식품을 혼합·제조·가공하여 유통·판매하는 영업이며, 즉석판매제조가공업은 영업장 내에서 식품을 제조·가공하여 최종 소비자에게 직접 판매하는 영업입니다. '타사업장에 자사 제품을 납품할 수 있는가' 이것이 핵심적인 차이입니다.

🖩 즉석판매제조가공업 영업 허가 절차

① 집 주소로 사업자 등록 불가

즉석식품의 경우 위생이 중요하기 때문에 집에서 만들어서 판매하는 것은 허가받을 수 없습니다. 근린 생활 시설로 등록되어 있는 상가 건물을 임대해야 합니다.

② 시설 기준

①에 이어 상가를 계약한 뒤에는 관할 구청 위생과에 문의하여 시설 기준에 맞는 인테리어를 해야 합니다. 시설 기준에 미치지 못한 경우에는 인테리어를 다시 해야 하니 이 점에 유의하고 꼼꼼히 알아본 뒤 진행하도록 합시다.

③ 건강 진단서 발급

관할 보건소에서 건강 진단서를 발급받아야 합니다. 통상 진단서 발급까지 3~4일정도 소요되니 이 기간 동안 ④에 해당하는 식품 위생 교육을 받으면 시간을 보다 효율적으로 사용할 수 있습니다.

④ 식품 위생 교육

즉석판매제조가공업은 1년에 한 번씩 식품 위생 교육을 받아야 합니다. 온라인으로 수강할 수도 있습니다.

⑤ 영업 신고

건강 진단서, 식품 위생 교육 수료증, 임대차 계약서, 신분증을 지참하여 관할 구청에서 영업 신고를 합니다.

⑥ 사업자 등록

영업 신고증과 임대차 계약서, 신분증을 지참해 관할 세무서에서 사
업자 등록을 합니다.

이럴 땐 일반 과세 사업자로 시작하자!

대부분의 경우 간이 과세로 시작하는 것이 유리하다는 사실은 앞에서 계속 설명했습니다. 하지만 반드시 일반 과세 사업자로 시작해야 하는 경우도 있습니다.

최 사장님은 9월에 프랜차이즈 테이크아웃 커피 전문점을 개업했습니다. 가맹비, 인테리어 비용, 시설 비용 등으로 프랜차이즈 본사에 6,600만 원을 주고 세금 계산서를 받았습니다. 그런데 막상 오픈하고 보니 생각보다 매출이 많이 나오지 않았습니다. 월평균 매출이 550만 원 정도 발생하는데, 지출은 매달 임대료 165만 원, 공과금 55만 원, 재료비 110만 원 지출되었습니다.

세액 공제가 없다고 가정하고 최 사장님이 일반 과세자로 1월 부가가치세를 신고했을 때의 금액을 계산해 보겠습니다.

- 9월~12월 총 매출: 550만 원×4개월=2,200만 원
- 9월~12월 총 매입: 초기 투자 비용 6,600만 원+(임대료 165만 원×4개월=660만 원)+(공과금 55만 원×4개월=220만 원)+(재료비 110만 원×4개월=440만)=7,920만 원
- 매출세액: 총 매출÷11=2,200만 원÷11=200만 원
- 매입세액: 총 매입÷11=7,920만 원÷11=720만 원
- 부가가치세=매출세액-매입세액=200만 원-720만 원=-520만 원

　1월 부가가치세 신고 후 환급 금액이 520만 원 발생했습니다. 만약 매입, 매출이 동일하다고 가정하고 최 사장님이 일반 과세자가 아닌 간이 과세자였다면 결과는 어떻게 달라졌을까요?

- 공급대가=2,200만 원×10%×15%(음식점 업종별 부가가치율)=33만 원
- 공제세액=7,920만 원×0.5%(음식점 업종별 부가가치율)=396,000원
- 부가가치세=330,000원-396,000원= -66,000원

　간이 과세일 경우 환급 금액이 66,000원 발생했으나 간이 과세는 환급이 불가능합니다. 결론적으로 환급 금액이 없는 것입니다.

　위와 같은 경우라면 일반 과세로 사업자 등록을 해야 합니다. 많은 세

무 관련 책에서 '초기 비용이 많이 들어가는 경우에는 일반 과세 사업자로 하는 것이 낫다'고 하는데, 단순히 초기 비용이 많이 들어가는 것만이 판단 조건은 아닙니다.

최 사장님의 사례를 살펴보면 프랜차이즈 본사가 법인이기 때문에 무조건 세금 계산서를 발행해야 합니다. 간이 과세로 사업자 등록을 했을 때에는 이점을 살리기 위해서 매입처, 즉 상대 사업자와 흥정할 수 있는가(자료 없이 싸게 구입 가능한가)를 먼저 확인해야 합니다. 그런데 상대 사업자가 프랜차이즈 본사처럼 흥정이 불가능한 매입처일 경우와 초기 비용이 많이 발생하고 예상되는 매출 또한 저조해 환급이 예상되는 경우에는 일반 과세 사업자로 시작하는 것이 낫습니다.

PART 07

눈 뜨고 코 베이는 임대차 계약

건물주가 이중 계약을 요구할 때

예비 창업자

학원 운영을 해 보려고 임대차 계약을 맺었습니다.
그런데 건물주가 임대료를 조금 깎아주는 조건으로
이중 계약서를 요구합니다.
이거 괜찮은 건가요?

여기서 말하는 이중 계약이란 실제 계약과 다르게 임대차 계약서를 하나 더 작성하는 상황을 말합니다. 건물주가 이중 계약을 요구하는 상황을 심심찮게 보곤 합니다. 결론부터 얘기하자면 이중 계약은 건물주만 좋은 일을 시키는 것입니다.

건물주는 '학원은 어차피 부가가치세 면세 사업이니 보증금만 기록한 전세 계약서를 하나 더 쓰자'고 요구해 올 것입니다. 대신 월 임대료의 부가가치세 부분은 공제해 준다는 조건을 걸면서 말입니다. 월 임대료의 부가가치세 부분을 절약할 수 있으니 얼핏 원원인 것 같지만 계산해 보면 전혀 아니라는 것을 알 수 있습니다. 다음의 사례를 들어 살펴볼까요?

☑ 실제 계약: 보증금 7,000만 원, 월 임대료 550만 원

*부가가치세 포함

☑ 이중 계약: 보증금 7,000만 원, 월 임대료 500만 원

*세금 계산서 미발행

학원의 예상되는 수익 구조를 아래와 같이 가정해 보겠습니다.

☑ 매출액: 5억 원
☑ 임대료를 제외한 비용: 3억 5,000만 원

*다른 소득공제는 없다고 가정

🧮 실제 계약대로 진행할 경우 발생하는 종합 소득세

• 소득 금액=5억 원(매출액)-3억 5,000만 원(비용)-6,600만 원(1년간 임대료)=8,400만 원

• 종합 소득세=8,400만 원×세율 24%-누진 공제액 522만 원=1,494만 원

🧮 이중 계약으로 진행할 경우 발생하는 종합 소득세

• 소득 금액=5억 원-3억 5,000만 원=1억 5,000만 원

• 종합 소득세=1억 5,000만 원×세율 35%-누진 공제액 1,490만 원 = 3,760만 원

학원 입장에서는 임대료의 부가가치세 600만 원(50만 원×12개월)을 아꼈지만 실제 종합 소득세는 약 2,260만 원 더 납부한 것이니 결과적으론 매우 손해입니다. 건물주 입장에서는 어떨까요? 원래대로 계약했으면 임대 소득이 6,000만 원으로 계산되어 종합 소득세를 납부해야 하나, 이중 계약을 한다면 납부할 세금이 거의 없게 됩니다.

소액 임차인 최우선 변제권

예비 창업자

보증금 중 최우선 변제를
받을 수 있는 금액은 얼마인가요?

확정 일자를 받은 임차인은 경매, 공매 시 확정 일자를 기준으로 변제 순위가 결정됩니다. 그러나 환산 보증금이 일정액 이하인 소액 임차인이 사업자 등록을 마친 경우라면(확정 일자를 받아 대항력을 갖춘 경우) 건물이 경매에 넘어가더라도 최우선시하여 경매가액의 1/2 범위 내에서 보증금의 일정액을 변제받을 수 있습니다.

최우선 변제를 받을 수 있는 소액 임차인 및 보증금의 한도는 다음의 표를 참고하세요.

지역	우선 변제받을 보증금의 범위 (환산 보증금)	보증금 중 최우선 변제를 받을 금액 (보증금)
서울특별시	6,500만 원 이하	2.200만 원까지
수도권정비계획법에 의한 수도권 중 과밀억제권역 (서울특별시 제외)	5,500만 원 이하	1,900만 원까지
광역시 (수도권 과밀억제권역과 군지역 제외) 안산시, 용인시, 김포시, 광주시(경기)	3,800만 원 이하	1,300만 원까지
기타 지역	3,000만 원 이하	1,000만 원까지

개정된 「상가건물 임대차보호법」 관련 문의 및 해석은 아래를 참고하세요.

☎ 법무부 고객지원센터: 02-2110-3000
☎ 대한법률구조공단: 국번 없이 132

상가건물 임대차보호법 환산 보증금 지역별 증액

예비 창업자

환산 보증금 내에 속하면
어떤 보호를 받을 수 있나요?

2019년 4월 17일자로 새로운 「상가건물 임대차보호법」 시행령 일부 개정안이 발효되었습니다. 우리가 앞에서 확인한 그 내용입니다. 또한 최근 「상가건물 임대차보호법」의 적용 기준이 되는 환산 보증금 기준 금액이 지역별로 증액되었습니다. 환산 보증금이란 「상가건물 임대차보호법」의 과표가 되는 기준 금액입니다. 계산 방법은 다음과 같습니다.

> 환산 보증금=보증금+(월세×100)

예를 들어 임차료가 보증금 5,000만 원, 월세 100만 원이라면, 환산 보증금은 5,000만 원+(100만 원×100)=1억 5,000만 원이 되는 것입니다.

환산 보증금 기준 금액은 서울은 6억 1,000만 원에서 9억 원으로 부산, 과밀억제권역은 5억 원에서 6억 9,000만 원으로, 광역시는 3억 9,000만 원에서 5억 4,000만 원으로, 그 밖의 지역은 2억 7,000만 원에서 3억 7,000만 원으로 상향 조정되었습니다.

환산 보증금 적용 대상에 속하면 2018년 10월 16일 이후 계약 및 갱신 시 최장 10년(만기 6개월 전부터 1개월 전까지 갱신 요구) 동안 계약 갱신 요구권을 가질 수 있습니다.

상가 임대차 시 유의할 점이 몇 가지 있습니다.

첫째, 임대차 기간 종료 6개월 전부터 종료 시까지는 권리금 보호 회수 기간이 정해집니다.

권리금은 임대인이 아닌 전 사업주에게 지급하는 돈이기 때문에 임대인 입장에서는 달갑지 않을 수 있습니다. 종종 이러한 권리금 거래를 방해하는 경우도 있습니다. 이전 「상가건물 임대차보호법」에서는 임대차 기간이 끝나기 3개월 전부터 임대차 종료 시까지 임대인이 권리금 회수를 방해하지 못하도록 규정하고 있습니다.

권리금 회수 보호에 관한 법률은 2019년 1월 1일부터 개정되었으며 임대차 계약 만료 6개월 전부터 임차인이 새로운 임차인을 직접 알아볼 수 있도록 허용해 권리금을 보장받을 수 있는 기간을 확대했습니다. 만약 권리금 회수 보호 기간 안에 임대인의 방해 행위가 있었다면 「상가건물 임대차보호법」에 따라 손해 배상을 청구할 수 있습니다.

둘째, 월 임대료 인상 범위는 5% 이내로 제한되어 있으며, 임대차 계약서 작성 후 확정 일자를 받으면 보증금 회수 대항력이 생깁니다. 또한 후순위 권리자보다 우선 변제받을 수 있습니다.

셋째, 만약 임차인이 월 임대료를 3개월 이상 연체했다면 임대인이 계약을 해지할 수 있다는 사실도 명심해야 합니다.

과세 유형 결정이 먼저다

임대차 계약을 마쳤다면 사업자 등록을 빨리 하는 것이 낫습니다. 개인 사업자의 세금을 계산하는 방식은 번 돈에서 벌기 위해 쓴 돈을 차감하는 방식인데, 벌기 위한 돈을 가장 많이 쓰는 시기가 바로 창업 직전입니다. 과세 유형에 따라 돈을 쓰는 방식이 다르므로 사업자 등록을 빨리 하는 것이 유리합니다.

창업 전 세무 공부를 어느 정도 한 최 사장님은 간이 과세자로 사업을 시작하기로 마음먹었습니다. 인테리어 비용은 세금 계산서 없이 매입액으로만 지불한 상태이고, 가능한 관련 설비도 자료를 수취하지 않고 지불한 상태입니다. 그런데 사업자 등록을 위해 방문한 관할 세무서에서 올해부터 해당 지역이 간이 과세 배제 지역으로 지정되었다는 사실을 알게 되었습니다. 최 사장님은 어쩔 수 없이 일반 과세자로 사업자 등록을 해야만 했습니다.

이러한 변수 때문에 최 사장님은 적지 않은 손해를 떠안았습니다. 일반 과세 사업자는 벌기 위한 돈을 지출할 때 적격 증빙을 수취하는 것이 유리합니다. 최 사장님은 이를 예상치 못했기 때문에 적격 증빙을 수취하지 않았고, 부가가치세 매입세액 공제를 받을 수 없게 되었습니다.

실제로도 이런 일이 심심찮게 발생합니다. 아마 최 사장님이 사업자 등록을 먼저 마쳤다면 이만큼 손해 보진 않았을 것입니다. 당장 사업자 하기 어려운 상황이라면 임대차 계약 전 관할 세무서에 간이 과세 사업자 등록이 가능한지 미리 확인해 보는 것도 좋은 방법입니다.

PART 08

폐업 시
이렇게 하면
편하다

마무리가 중요하다

초보 사장님

아쉽지만 첫 사업을 마무리해야 할 것 같습니다.
폐업 신고는 어떻게 하는 건가요?

더 좋은 사업을 위해 현재 사업을 정리하는 경우도 있지만 사실 상황이 좋지 않아 어쩔 수 없이 폐업하는 경우가 더 많습니다. 이들 중 적자가 누적되어 하루라도 빨리 사업을 정리하고 싶은 마음에 폐업 신고와 그에 따른 세금 신고를 제대로 하지 않는 경우도 자주 발생합니다. 사업 운영 중에 각종 세금 신고를 잘하는 것도 중요하지만, 사업을 정리할 때 마무리를 잘해야만 추후 불필요한 세금 부담을 피할 수 있게 됩니다.

폐업 신고 방법은 간단합니다. 사업자 등록증 원본을 첨부한 폐업 신고서를 관할 세무서에 제출하면 됩니다. 국세청 홈택스에서도 휴 · 폐업 신고 및 재개업 신고를 할 수 있습니다.

만약 인가나 허가, 면허를 받은 업종의 경우, 인허가를 해주었던 관청에도 폐업 신고를 해야 면허세가 부과되지 않습니다.

폐업 신고 후에는 세무서에서 폐업 사실 증명원을 발급받아 국민연금 관리공단이나 국민건강보험공단에 제출하도록 합시다. 연금 지불액이나 보험료가 줄어들거나 아예 내지 않을 수도 있습니다.

폐업 당일에 발생한 비용도 꼭 신고해야 합니다. 주고받은 세금 계산서, 신용카드 매출 전표 등 폐업 당일에 발생한 증빙까지 빠짐없이 챙기고, 매출과 매입을 집계해 폐업 수시분 부가가치세 신고를 하도록 합시다.

이익이 나지 않아 폐업한 경우에는 사업과 관련된 각종 증빙을 잘 챙겨 두었다가 종합 소득세 신고를 통해 적자가 난 사실을 제대로 반영해야 합니다. 자칫 내지 않아도 될 세금까지 내게 되는 상황이 발생할 수도 있기 때문입니다.

폐업 시 세금 신고를 제대로 하지 않으면 신고되지 않은 매출액에 대한 부가가치세가 부과됩니다. 이런 상황을 겪는 경우에는 대개 매입 자료도 제대로 챙기지 않았을 가능성이 높습니다. 매입 자료를 제대로 챙기지 않으면 매출세액에서 공제할 수 있는 부가가치세 매입세액이 거의 없게 됩니다. 귀찮음의 결과로 많은 부가가치세와 가산세를 부담해야 할 수도 있으니 마지막까지 꼼꼼히 처리하도록 합시다.

폐업 신고한다고 끝이 아니다

초보 사장님

최근에 폐업 신고를 했는데 계속해서 처리할 일들이 생깁니다.
앞으로 어떤 것을 준비해두면 좋을까요?

폐업 신고를 했다고 해서 끝이 아닙니다. 폐업한 뒤 다음 달 25일까지 부가가치세를 신고해야 하고, 다음 해 5월에는 종합 소득세를 신고해야 합니다. 앞서 말했듯 면허증 또는 허가증이 필요한 사업인 경우에는 면허를 발급받은 기관에 폐업 신고를 해야 면허세가 부과되지 않습니다. 폐업 증명서를 국민연금관리공단, 건강보험공단에 제출해서 보험료를 조정하는 것도 필수입니다.

폐업 후 세금 신고는 했지만 장사가 안돼 폐업한 관계로 세금이 체납되었다면 어떻게 될까요?

이후 체납자가 사업자 등록을 신청하면 사업자 등록증 교부 전 임차보증금이 압류될 수 있습니다. 또한 체납 기간 중 재산을 취득하면 압류

후 공매처분이 진행될 수 있습니다. 체납세액이 5,000만 원 이상인 경우 출국 금지 처리될 수 있습니다. 체납세액이 500만 원 이상인 자는 신용정보기관에 명단이 통보되어 금융 거래에 제한을 받을 수 있습니다.

폐업 시 환급받은
부가가치세는 어떻게 할까?

초보 사장님

사업 당시 차량을 구입해
부가가치세를 환급받았는데
1년 후 폐업하게 됐습니다.
문제될 사항이 있나요?

사업 운영 중 환급받은 금액이 있다면 폐업 후 부가가치세를 신고할 때 매출란의 기타 부분(폐업 시 잔존 재화)에 기록해야 합니다. 감가상각율은 1과세 기간(6개월)당 25%씩 감가상각되므로 2년이 경과했다면 따로 신고하지 않아도 됩니다.

위 질문처럼 환급 후 1년이 지났다면 2과세 기간이 경과했으므로 감가상각율을 50% 적용하게 됩니다. 예를 들어 200만 원을 환급받았다면 100만 원을 기타 매출로 신고해야 합니다.

재고 물품도 부가가치세를 내야 할까?

초보 사장님

장사가 잘 안돼 폐업하려고 합니다.
폐업도 속상한데 남은 재고에 대한
부가가치세까지 내야 한다는 이야기를 들었습니다.
사실인가요?

사장님 입장에서 보면 충분히 속상할 이야기입니다. 그러나 세법은 사업자가 폐업할 때 남아 있는 재고를 사업자가 본인에게 판 것으로 간주합니다. 그러므로 재고 물품의 부가가치세도 납부해야 합니다. 매입할 당시에 장래 매출이 일어날 것을 전제로 해 매입세액 공제를 받았기 때문입니다. 만약 부가가치세 매입세액 공제를 받지 않았다면 재고 물품에 대한 부가 가치세를 납부할 필요가 없습니다.

상대 사업자가 의심스러울 때

A 사장님은 얼마 전 세무서에서 과세자료 해명 안내문을 받았습니다. 내용은 2년 전 부가가치세 신고 시 공제받은 매입세액 중 100만 원은 폐업자로부터 받은 세금 계산서이기 때문에 공제받을 수 없으니 해명하라는 것이었습니다.

사업을 하다 보면 시세보다 싸게 준다는 말에 혹해 모르는 사람에게 물건을 구입하는 경우가 있습니다. 이런 경우에는 상대방이 정상 사업자인지 꼭 확인해야 합니다. 그리고 발급받은 세금 계산서가 정당한 세금 계산서인지 확인해야 합니다. A 사장님의 사례처럼 상대가 폐업자이거나 세금 계산서가 다른 사업자 명의로 발급된 경우에는 실제로 거래했더라도 매입세액을 공제받을 수 없습니다.

물건을 판매한 사람이 자신의 매출을 숨기기 위해 다른 사업자 명의로 발급한 세금 계산서를 '거짓 세금 계산서'라고 합니다. 거짓 세금 계산서를 받은 경우에는 당연히 매입세액 공제를 받을 수 없습니다.

또한 폐업자, 간이 과세자, 면세 사업자는 세금 계산서를 발급할 수 없습니다. 이들이 발급한 세금 계산서는 효력이 없으므로 매입세액을 공제받을 수 없습니다. 폐업 신고를 한 폐업자가 재고 물품을 정리하는 과정에서 종전 사업자 등록 번호로 세금 계산서를 발급하는 경우가 종종 있으니 거래 상대가 의심스러울 때는 반드시 확인하도록 합시다.

거래 상대가 일반 과세 사업자가 맞는지, 혹시 폐업자는 아닌지 진위는 홈택스(조회/발급→사업자 등록 상태 조회)에서 확인할 수 있습니다.

폐업 시 꼭 챙겨야 하는 세무 신고

사업을 하다 폐업한 경우 관할 세무서에 신고해야 하는 사항은 다음과 같습니다.

① 폐업 신고

폐업 신고는 사업을 폐업했을 때 지체 없이 해야 합니다. 폐업한 과세 기간의 부가가치세 신고를 위해서는 폐업 신고가 선행되어야 하기 때문입니다. 때문에 늦어도 폐업일이 속한 달의 다음 달 25일까지는 폐업 신고를 마치도록 합시다.

② 부가가치세 신고

부가가치세 신고는 폐업 신고일이 속한 달의 다음 달 25일까지 해야 폐업 기간에 대한 부가가치세 확정 신고가 됩니다. 예를 들어 3월 20일에 폐업했다면 4월 25일까지는 신고·납부해야 합니다.

③ 종합 소득세 신고

과세 기간의 다음 해 5월 중에 해야 합니다. 개인 사업자는 1년간의 종합 소득세를 신고해야 하는데 폐업을 해도 그 과세연도에 다른 소득이 발생할 수 있기 때문에 그다음 해 5월에 종합 소득세 신고를 하는 것입니다.

④ 법인세 신고

법인 사업자는 각 사업연도의 종료일이 속한 달 말일부터 3개월 이내에 법인세 신고를 해야 합니다. 법인의 경우에는 폐업을 하면 사업이 완전히 종결되기 때문에 폐업일을 사업연도 종료일로 보고 원칙적으로 그날로부터 3개월 이내에 법인세 신고를 하면 됩니다.

사업을 완전히 정리하지 않고 여러 가지 사정으로 인해 일정 기간 사업을 쉬어야 할 경우에는 폐업보다는 휴업 신고를 하는 것이 나을 수도 있습니다. 휴업 시에는 사업자 등록이 말소되는 것이 아니라 휴업 기간 동안만 일시적으로 정지됩니다. 휴업 기간이 끝난 후에 사업 재개 신고를 하면 종전과 같이 사업을 운영할 수 있게 됩니다.

휴업 기간 중에 발생한 기본 경비(전력비, 난방비 등)는 매입 세금 계산서를 교부받아 부가가치세 신고를 하면 매입세액 공제 가능합니다.

또한 최초 신고한 휴업 기간이 경과하지 않았더라도 사업을 재개할 수 있습니다. 만약 휴업 기간 중 세금 계산서를 발행해야 할 일이 생기면 관할 세무서에 사업 재개 신고를 한 뒤 바로 사업을 이어 나갈 수 있습니다.

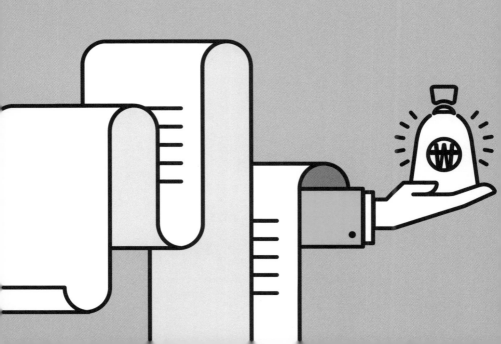

아무도
당신의 절세를
바라지 않는다

세무 대리인이
말하는
부가가치율

세무 대리인을 고용한 사장님들이라면 '매출을 좀 더 잡아야 할 듯합니다' 혹은 '매입 자료를 좀 더 구할 수 없나요?' 이런 이야기를 들어본 적 있을 것입니다. 세무 대리인들이 말하는 부가가치율이란 동종업계 평균을 의미합니다. 하지만 저는 굳이 동종업계 평균에 맞추려는 세무 대리인들의 접근 방식을 부정합니다. 사업을 하다 보면 결과가 좋을 때도, 안 좋을 때도 있는 법입니다. 굳이 동종업계 평균에 맞춰야할 이유는 없다고 생각합니다.

또 그들은 동종업계 평균에 맞추지 않으면 국세청에서 세무 조사를 나올 수도 있다고 잔뜩 겁을 줍니다. 그런데 사실 영세 자영업자들이 동종업계 평균에 맞추지 않았다고 세무 조사받는 일은 없습니다. 국세청은 그렇게 한가한 조직이 아닙니다.

그들이 말하는 부가가치율 계산은 아래와 같습니다.

부가가치율=(매출액-매입액)÷매출액×100

위의 공식으로 아래와 같은 표도 만들었습니다.

코드번호	종목		부가가치율		
	세분류	세세분류	1억 5,000만 원 미만	1억 5,000만 원~ 5억 미만	5억 원 이상
552101	요식업	한식점업	64.88	44.12	46.99
552102		중국음식점업	66.99	42.4	63.58
552103		일본음식점업	56.3	41.11	46.77
552104		서양음식점업	51.49	43.7	63.18
552105		음식출장조달업	41.56	40.86	60.67
552106		고급음식점	48.54	41.54	51.66
552109		기타음식점업	48.6	42.42	59.36

위 표는 말 그대로 참고용입니다. 꼭 이 표대로 부가가치율을 맞출 필요는 없습니다. '드러난 매출의 축소 신고', '불공제매입의 매입세액 공제' 이 두 가지만 하지 않으면 동종업계 평균에 맞추지 않아도 세무 조사를 받을 일은 없습니다.

기장을 맡기면 세금이 적게 나온다?

세무 대리인은 기장을 하지 않으면 세금 폭탄을 맞을 수 있다고 말합니다. 세무 상식이 전무한 상태에서 이런 말을 듣는다면 불안해질 수밖에 없습니다.

세무 대리인에게 기장을 맡기는 이유는 세금을 가능한 한 적게 내고 싶기 때문입니다. 그런데 만약 기장을 맡겼는데 세금이 더 많이 나온다면 어떻게 하시겠습니까?

한식점을 하는 최 사장님의 작년 매출은 4,000만 원이고 자녀는 없습니다. 매입 자료(재료비, 임대료 등)는 2,200만 원 정도 확보했습니다. 한식점의 단순경비율은 89.7%입니다.

최 사장님이 종합 소득세를 기장 맡겼을 경우와 직접 추계 신고했을 경우 세금 차이가 얼마나 나는지 비교해 보겠습니다.

구분	기장을 맡긴 경우	직접 추계 신고한 경우
매출액	4,000만 원	4,000만 원
매입액	2,200만 원	3,588만 원 (단순율로 경비 계산)
소득 금액	1,800만 원	412만 원
소득공제	300만 원	300만 원
과세표준	1,500만 원	112만 원
산출세액	117만 원	6만 7,200원
기장세액공제	23만 4,000원	0원
납부세액	93만 6,000원	6만 7,200원

세무 대리인에게 기장을 맡겼을 때보다 직접 추계 신고했을 때 종합 소득세가 86만 8,800원 적게 나왔습니다. 이를 통해 알 수 있듯 기장을 맡긴다고 해서 무조건 세금이 적게 나오는 것은 아닙니다. 게다가 세무 대리인 수수료도 지불해야 합니다. 최 사장님의 경우 세무 대리인에게 1 년간 200만 원을 지불했습니다.

'기장'은 장부를 작성한다는 뜻입니다. '기장료'는 세무 대리인에게 장부 작성을 의뢰하고 매달 지급하는 장부 작성 수수료입니다. 소규모 자영업자는 매달 기장료로 10만 원 내외의 금액을 지출합니다.

종합 소득세 신고 시에는 세무 조정을 한 후에 신고해야 합니다. 이에 대해 지불하는 금액을 '조정료'라고 부릅니다. 세무 조정은 일 년에 한 번 이루어집니다. 소규모 자영업자는 종합 소득세 신고 후 세무 대리인에게 30~50만 원 정도의 조정료를 추가 지급하게 됩니다.

'신고 대행 수수료'는 부가가치세, 종합 소득세 신고 기간에만 잠깐 신고대행을 의뢰하는 경우에 일회성으로 지급하는 수수료를 말합니다. 소규모 자영업자 기준 부가가치세 신고 시 5~10만 원, 종합 소득세 신고 시 30~50만 원 정도입니다.

이처럼 소규모 자영업자는 1년 동안 기장료로 120만 원 전후, 조정료는 50만 원 전후, 총 170만 원 정도를 세무 대리인의 비용으로 지출합니다. 10년이면 대략 1,700만 원 정도이니 결코 적은 돈이 아닙니다. 어렵게 번 돈을 꼭 세무 대리인에게 써야 겠다면 이것만 기억하세요.

모르고 맡기는 것과 알고 부리는 것에는 큰 차이가 있습니다.

세무 대리인,
알고 부리자

제가 활동하는 자영업자 인터넷 커뮤니티에 다음과 같은 게시글이 올라왔습니다.

먼저 마트에서 구입한 식자재는 면세 상품이기 때문에 불공제 처리되는 것이 당연합니다. 하지만 업종이 음식점인 경우에는 의제 매입세액 공제를 받으면 됩니다. 그리고 비품은 과세 상품이므로 당연히 매입세액을 공제받아야 합니다. 부가가치세 확정 신고 기간이 지난 것도 아닌데 거래처 신고 관련 업무가 끝났다고 어물쩍 넘어가려는 회계 사무실의 태도가 썩 좋아보이지는 않습니다.

부가가치세 신고 기한 전이므로 당연히 불공제로 표기된 식자재는 의제 매입세액 공제를 받아야 하고, 비품 또한 공제로 변경해야 합니다. 그렇게 힘든 일도 아닌데 왜 다음번에 하자는 걸까요? 게시글 작성자는 왜 그걸 수긍했을까요?

이렇게 속지 않으려면 알아서 절세해 줄 거라는 착각을 버려야 합니다. 세무 대리인을 고용하고 있더라도 사업용 카드의 공제, 불공제를 필히 확인하고, 불공제 처리되어 있는 것은 그 이유를 따져 봐야 합니다. 막상 하려고 하면 귀찮고 번거로울지도 모릅니다. 하지만 한 번 더 생각해 보면 세무 대리인 입장에서는 내 돈도 아닌데 더 번거롭고 귀찮을지도 모릅니다. 우리는 그들이 맡은 바에 성실히 임하기를 바랄 수밖에 없지요. 돈을 주고 고용했으니 의문이 들 때는 이유라도 물어보는 것이 당연합니다. 그것이 알고 부리는 것입니다.

모르고 맡기면 절세할 수 없습니다. 절세는 알고 부릴 때 완성됩니다.

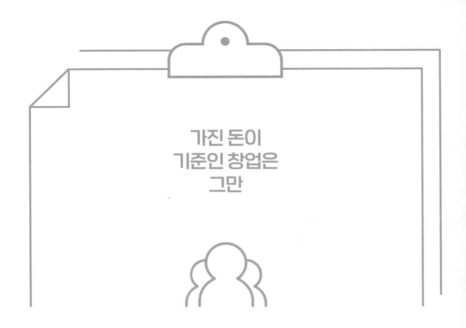

가진 돈이
기준인 창업은
그만

백 세 시대를 살아가는 많은 이들이 은퇴 전 창업을 고민합니다. 차근차근 창업 계획부터 세운다면 참 다행인데 그렇지 않은 경우도 많습니다. 은퇴를 앞두고 창업을 고민하는 흔한 사례를 하나 살펴볼까요?

A씨는 퇴직을 1년 앞두고 아는 지인이 운영하는 식당을 찾아갔습니다. 고맙게도 지인은 상권 조사, 메뉴 선정, 인테리어와 각종 설비 구입 등에 대해 자세히 설명해 주었습니다. 그 후 A씨는 틈이 날 때마다 지인의 식당으로 찾아가 고객 접객 방법, 마케팅에 대한 조언을 들었습니다.

오랜 회사생활로 인맥이 넓은 A씨는 금융권에 종사하는 지인으로부터 이자가 저렴한 대출을 미리 추천받아 부족한 창업 자금에 보태기로 결정했습니다.

뿐만 아니라 식당에서 가장 중요한 것은 음식의 맛이라고 생각해 조리사 자격증을 준비했고, 주말엔 식당 아르바이트를 하면서 일에 적응해볼까 고민 중입니다.

얼핏 보기에는 철저히 준비한 것처럼 보이지만 사실 누구나 이렇게 할 수 있으며, 또 하고 있습니다. 창업 자체는 돈만 있다면 누구나 시작할 수 있습니다. 돈만 있으면 누구나 카페, 편의점, 음식점을 차릴 수 있습니다. 그러나 누구나 갈 수 있는 길에는 치열한 경쟁이 기다리고 있는 법입니다. 우리는 학창 시절부터 경쟁을 배웠고, 경쟁의 뒷모습을 알고 있음에도 그것을 반복합니다. 심지어는 은퇴 후에도 경쟁하는 창업을 선택하지 않습니까.

흔히 알고 있는 '레드 오션red ocean'은 '이미 잘 알려져 있는 시장에서 치열하게 경쟁하는 사업'이라는 뜻입니다. 어떤 아이템이 대박이라고 알려지는 순간, 사람들은 적성에 관계없이 그 아이템으로 창업해 시장에 뛰어듭니다. 그 결과 모두가 지옥을 경험하게 됩니다. 19세기 미국 서부의 골드러시gold rush처럼 말이죠.

경쟁에서 진 초보 창업자 중 대다수가 1년을 못 버티고 빚더미에 올라앉습니다. 은퇴 후 창업은 일반 창업과 달리 노후 자금을 사용한 생계형 창업이 많습니다. 이는 사업이 실패할 경우 큰 시련을 맞이하게 된다는 이야기입니다.

창업은 어려운 일이 아닙니다. 저는 2018년 개인 사업자에게 세무 지식을 가르치는 '택스코디'라는 콘텐츠로 독립사업을 시작했고, 이 직업에 만족하며 살고 있습니다. 예비 창업자들에게 제대로 된 창업을 알려주는 '프리코디'라는 직업을 가진 사람도 있습니다. 작가들의 출간 계약을 도와주는 '북스빌더', 기록·정보 활동가, 심리 컨설턴트 등 독립사업의 종류는 매우 다양합니다.

이들은 경쟁하지 않고 즐기면서 일합니다. 일이 곧 놀이인 사람들이죠. 그리고 이들에게는 공통점이 있습니다. 하나는 스스로가 무엇을 좋아하는지를 분명히 알고 있다는 것입니다. 때문에 시련이 닥쳐도 잘 극복하고 묵묵히 자신의 꿈을 향해 나아갈 수 있습니다. 또 다른 하나는 이타적이라는 것입니다. 이들은 세상이 원하는 일을 스스로 찾아내고 누군가에게 도움을 주리라는 사명감을 가지고 있습니다.

남들 따라 하는 사업이 아닌 즐길 수 있고 동시에 누군가에게 도움이 될만한 아이템을 고민해 보세요. 그것이 바로 성공하는 창업의 시작입니다.

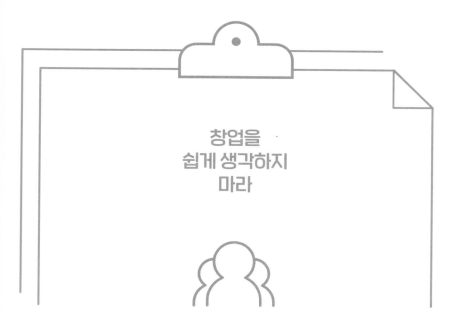

창업을
쉽게 생각하지
마라

많은 창업자들이 세금은 어려워하면서 창업은 쉽게 생각합니다. 그러나 창업은 쉬운 것이 아닙니다. 돈만 가지고 창업에 뛰어든 이들 중 대부분이 1년을 못 버티고 빚더미에 올라앉았거나 폐업을 결정합니다. 그리곤 이렇게 말하죠.

"돈이 부족했나 봐."

실패하는 이들의 공통점은 실패의 원인을 외부에서 찾는다는 것입니다. 책임을 자신의 탓으로 돌려야 문제의 진상을 파악할 수 있습니다. 스스로 실패를 인정하지 않으면 자신에게 닥친 문제를 잘못 판단하게 되고, 문제를 잘못 판단함으로 인해 적절한 대응도 취할 수 없게 됩니다.

사업 실패의 이유를 돈으로 돌리는 것도 마찬가지입니다. 인생은 스스로 책임져야만 합니다. 성공하든 실패하든, 행복하든 불행하든 간에

<u>스스로</u> 초래한 결과입니다.

실패한 이유를 내 안에서 찾고 실패의 정확한 원인을 분석해 고쳐 나가야 합니다. 때로는 실패가 반복될 수도 있습니다. 그것이 당신이 점차 성장하며 성공에 다가가는 과정입니다. 어쩌면 첫 사업에 실패하는 것이 득이 될 수도 있습니다.

때문에 첫 창업은 가볍게 시작해야 합니다. 하지만 많은 창업자들이 첫 창업에 가진 재산을 전부 쏟아붓습니다. 그래서 최악의 상황을 맞이하게 됩니다.

사업 실패 이후가 가장 중요합니다. 좌절에 그치지 않고 스스로 문제를 받아들여 문제에 대한 책임을 인정할 때 비로소 해결 방법을 찾을 수 있습니다. 엉뚱한 곳에서 답을 찾는 우를 범하지 마세요. 성공은 작은 실패들이 쌓여서 이루어집니다.

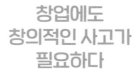

창업에도
창의적인 사고가
필요하다

　　은퇴 후 퇴직금으로 프랜차이즈 음식점을 시작하는 경우를 쉽게 찾아볼 수 있습니다. 창업 자금으로 쓸 만큼 많은 퇴직금을 탈 정도면 오랜 직장생활을 한 사람일 것이고, 적어도 그 분야에서는 전문가였을 것입니다. 하지만 직장을 벗어나는 순간 그는 초보 창업자일 뿐입니다.

　　최근 퇴직한 A씨는 우연히 방문한 창업 설명회에서 달콤한 유혹에 빠지게 됩니다.

　　"2억 원만 투자하세요. 월 1,000만 원 이상의 수익을 얻을 수 있습니다."

　　마침 그의 손에는 퇴직금으로 받은 1억 원이 있습니다. 금융기관에서 담보 대출을 받고 주위에서 조금만 빌리면 2억 원 정도는 마련할 수 있을 것 같습니다. 매달 1,000만 원씩 번다는데 빌린 돈을 갚고도 남을 것 같다는 생각도 듭니다.

그러나 평소 창업에 관해 깊이 고민한 적도 없고 창업 공부를 한 적도 없는 A씨와 같은 은퇴자들은 프랜차이즈의 감언이설에 속아 창업을 했다가 금세 문을 닫습니다. 남은 건 빚뿐입니다.

앞에서도 언급했듯 창업은 돈만 있으면 누구나 시작할 수 있지만 아무나 성공하는 것은 아닙니다. 그리고 꼭 돈이 필요한 것도 아닙니다. 남들이 아직 하지 않은 일에 대한 생각, 즉 창의적인 사고가 더 중요합니다.

우리나라 최고 기업이 만든 제품은 해외 시장에서 '열심히 잘 만들었네'라는 인상만을 준다고 합니다. 또한 우리나라에서는 스티브 잡스, 마크 저커버그 같은 창의적 인물이 나오기 힘들다고 합니다. 누구나 아는 알베르트 아인슈타인, 레오나르도 다빈치, 토머스 에디슨, 이들의 공통점은 무엇일까요? 바로 창의력을 가진 인물이라는 것입니다.

한 뇌 과학 책에서는 '생각의 길이 많아야 남들과 다른 길을 갈 수 있다'고 합니다. 뇌 안에 있는 '생각의 길'은 약 100조 개의 시냅스로 구현되고, 시냅스는 대부분 뇌가 유연한 어린 시절의 주변 환경에 따라 만들어진다고 합니다. 그런 이유로 다양한 경험이 생각의 길을 만드는 데 결정적인 역할을 한다고 합니다. 창의력은 획일적인 교육으로 만들어내는 것이 아닙니다. 획일적인 교육은 스티브 잡스를 김 대리로 만들 뿐입니다.

어떻게 하면 다양한 경험을 할 수 있을까요? 독서를 통한 간접 경험, 여행을 통한 직접 경험이 생각의 길을 만들어 줍니다. 학창 시절부터 틈틈이 책을 읽고 여행을 다니면 창의력을 키울 수 있습니다. 창의적인 창업가는 학교에서 찍어내는 것이 아니라 서서히 만들어지는 것입니다.

취업이 되지 않아 창업을 생각하고 있다는 요즘 청년들이 과연 창업을 하면 성공할 수 있을까요? 창업은 취업의 차선책이 아닙니다. 창업에는 깊은 고민이 필요하고, 고민 끝에 새로운 무언가를 건져 올렸을 때가 비로소 창업을 시작해도 될 시기입니다.

'사회 통념'이라는 말을 처음 쓴 사람은 경제학자 존 케네스 갤브레이스John Kenneth Galbraith입니다. 그는 이 말에 긍정적인 의미만을 부여한 것은 아니었습니다. 그는 우리 인간이 진실을 편익과 연관시키며, 자신의 자존심을 만족시키는 것이라면 무엇이든 받아들인다고 말합니다.

그의 말처럼 사람들은 진실 여부에 관련없이 편리하고 안정적인 사회 통념을 당연하게 여기고, 그것을 기준 삼아 옳고 그름을 판단합니다. 하지만 세상이 정한 기준이 전부 옳은 것은 아닙니다. 때로는 세상이 정한 기준을 무시해도 좋습니다. 스스로 중요하고 옳다고 생각하는 것은 한번쯤 밀어붙여 봐도 됩니다. 편견, 고정관념, 사회 통념에 맞서야 하는 순간도 있습니다. 창업 또한 마찬가지입니다.

    제임스 다이슨은 고정관념에 당당히 맞서 새로운 회사가 거의 없는 가전제품 시장에 돌풍을 일으켰습니다.

    '선풍기에 꼭 날개가 있어야 하나? 헤어드라이어는 왜 뜨거워질까? 진공청소기에 먼지 봉투가 꼭 있어야 하나?'

    모두가 당연시하는 것에 질문을 던졌고 날개 없는 선풍기, 뜨거워지지 않는 헤어드라이어, 먼지 봉투 없는 진공청소기를 만들었습니다. 상식을 깨는 가전제품을 만드는 회사 다이슨은 편견을 깨는 질문으로부터 시작된 것입니다.

가짜 공부

학창 시절, 저에게는 공부가 전부였습니다. 단지 성적이 좋다는 이유로 많은 사람들에게 인정받았습니다. 시험 성적이 가치 판단의 기준이었고 시험 성적으로 아이들의 존재를 점수 매겼습니다.

시켜서 하는 공부, 경쟁을 위한 공부, 대학 입시를 위한 공부, 자격증을 취득하기 위한 수단으로서의 공부를 저는 감히 '가짜 공부'라고 정의합니다. 어릴 때부터 가짜 공부에 길들어져 있다 보니 공부는 힘들고 싫은 것이 되어버렸습니다. 때문에 공부에 관한 생각부터 바꿔야 합니다.

일본의 대표적인 교육자이자 시인인 사이토 기하쿠는 '공부의 기본은 자신의 고정관념을 계속 깨뜨리며 나아가는 것이다'라고 정의했습니다.

대부분의 사람들이 좋은 대학을 가기 위해, 혹은 자격시험을 보기 위해 공부합니다. 참으로 편협한 생각입니다. 저는 수시로 스스로에게 질문을 던져 봅니다.

'내가 아무런 의심 없이 믿어온 것들이 정말 옳은 것일까?'

택스코디란 직업도 이 질문을 통해 시작되었습니다. 고정관념을 깨뜨리기 위해서는 다르게 사고할 줄 알아야 합니다. 다르게 생각하는 법을 배우는 데에는 독서만큼 좋은 것이 없습니다. 책을 읽다 보면 마음을 울리는 문장을 읽게 될 수도 있고, 저자의 생각에 깊이 공감을 할 때도 있고, 때로는 저자의 의견을 비판하게 될 때도 있습니다. 이런 과정을 거쳐 생각이 발전하는 것입니다.

뇌는 틀에 박힌 것을 싫어하고 끊임없이 새로운 자극을 찾는다고 합니다. 도서관에는 다양한 분야의 많은 책이 있습니다. 뇌가 가장 좋아하는 장소이기도 하죠. 나만의 창업 아이디어가 필요하다면 독서를 통해 뇌에 새로운 자극을 주어야 합니다. 그렇게 하다 보면 아이디어가 떠오를지도 모릅니다.

생각은 자유로워야 합니다. 하지만 처음부터 나만의 생각이란 건 없었고, 누군가로부터 습득한 것으로 살아가고 있는지도 모릅니다. 그 누군가는 부모님일 수도 있고, 선생님일 수도 있고, 미디어일 수도 있습니다. 하지만 주입된 생각으로는 새로운 창업을 하는 것은 불가능합니다. 자유롭게 사고할 수 있어야 합니다. 그래야만 나만의 사업을 할 수 있습니다.

때론 세상이 정한 기준을 무시해도 좋습니다. 기준은 언젠가는 바뀌기 마련입니다. 생각은 외부의 조작으로 만들어질 수도 있다는 것을 기억해야 합니다. 그런 점을 가장 잘 이용한 사람이 아돌프 히틀러^{Adolf Hitler}입니다. 누구나 히틀러를 독재자라고 얘기하지만 사실 그는 국민 투표로 선출되었습니다. 투표를 했던 사람들은 그의 선동에 휩쓸려 그에게 투표했습니다.

이처럼 누군가가 만들어 둔 기준에 휩쓸리지 않기 위해 자유롭게 생각할 줄 알아야 합니다. 자유로운 사고가 우리를 새로운 시작점으로 안내해 줄 것입니다.

택스코디가 예비 창업가에게

주제넘게 참견한 것 같아 조금 민망하네요. 20년 이상 크고 작은 사업을 한 선배의 잔소리라 생각하고 가볍게 받아들였으면 합니다.

한 번 더 강조하겠습니다. 가진 돈이 창업의 기준이 되면 안 됩니다. 또한 이 책을 통해 세금 신고는 어렵지 않으며 내 손으로 직접 해낼 수 있다는 자신감이 생겼으리라 생각합니다. 창업과 세무에 대한 고정관념이 당신의 창업을 실패하게 만듭니다. 아는 만큼 보이는 법이니 알아야 돈을 벌 수 있습니다. 창업에 다가갈 때에는 조금 더 고민하고, 꼭 특별한 아이디어로 승부하길 바랍니다.

대한민국 자영업자의 수가 556만 명에 육박한다고 합니다. 하지만 그들 중 돈을 버는 사람은 10%도 되지 않는 것이 현실입니다. 대부분의 자영업자는 생계를 위해 애씁니다. 그런 이유로 창업 초기에 자신이 가진 전 재산을 올인합니다. 심지어 빌리기까지 하죠. 소중한 돈을 들여서 사업이 잘되면 좋겠지만 통계에서 알 수 있듯 망하는 사람이 대다수입니다.

많은 사람들이 창업을 쉽게 생각하고 결정합니다. 돈만 있으면 저절로 성공하게 될 거라는 착각을 합니다. 하지만 창업은 돈이 없어도 할 수 있습니다. 중요한 것은 돈이 아니기 때문입니다.

무엇보다도 자신이 원하는 창업의 본질을 고민하고 배우는 것이 중요합니다. 창업에 관한 고정관념을 깨는 것이 독립 창업의 시작입니다. 생각이 바뀌면 다르게 시작할 수 있습니다. 철학 없이 창업했다가 금방 망하고 그 실패를 인생 수업으로 치려는 사람들을 제법 자주 봅니다.

하지만 그러기엔 너무 큰돈을 들인 것 아닌가요? 굳이 이렇게 비싼 수업료를 낼 필요는 없습니다. 창업 전 충분한 공부를 통해 아낄 수 있는 돈은 아끼도록 합시다. 이 책을 보아 알 수 있듯 세금 공부는 어려운 것이 아닙니다. 창업에 관한 나만의 철학, 세금 신고에 대한 기본적인 지식, 창업을 새롭게 바라보는 시각. 이 정도면 충분합니다.

성공하기 위해서는 남들이 가는 길이 아닌 새로운 길을 걸어가야 합니다. 쉽고 편한 길에는 무수한 경쟁이 있습니다. 운이 좋아 경쟁에서 이기더라도 곧바로 새로운 경쟁에 뛰어들어야 합니다. 무한한 경쟁 지옥에 지옥에 빠지는 것입니다. 제가 '택스코디'라는 직업으로 창업했듯이, 여러분들도 여러분만이 할 수 있는 직업을 만들어 창업하길 바랍니다.

이 책이 여러분의 세금과 창업에 대한 새로운 관점에 도움이 되었으

면 좋겠습니다. 돈만 있으면 할 수 있는 사업이 아니라 내가 아니면 아무

도 할 수 없는 일을 찾아보세요.

당신의 새로운 시작을 응원합니다.

사업을 지탱하는
현실 세무 지식

개정 2판 2쇄 발행   2023년 2월 27일

지은이   택스코디
발행인   곽철식

책임편집 구주연
디자인   박영정
마케팅   박미애
펴낸곳   다온북스
인쇄   영신사

출판등록   2011년 8월 18일 제311-2011-44호
주소   서울시 마포구 토정로 222, 한국출판콘텐츠센터 313호
전화   02-332-4972   팩스   02-332-4872
전자우편   daonb@naver.com

ISBN 979-11-90149-94-5   (13320)

이 도서의 국립중앙도서관 출판예정도서목록(CIP)은 서지정보유통지원시스템
홈페이지(http://seoji.nl.go.kr)와 국가자료공동목록시스템(http://www.nl.go.kr/kolisnet)에서
이용하실 수 있습니다.(CIP제어번호: CIP2020040844)

• 다온북스는 독자 여러분의 아이디어와 원고 투고를 기다리고 있습니다.
  책으로 만들고자 하는 기획이나 원고가 있다면, 언제든 다온북스의 문을 두드려 주세요.